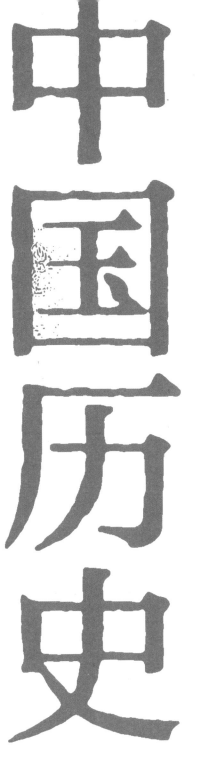

这就是

中国历史

春秋战国

诸侯争霸的时代

何孝荣 主编

U0359589

化学工业出版社

·北京·

图书在版编目（CIP）数据

这就是中国历史.春秋战国：诸侯争霸的时代 / 何孝荣
主编.—北京：化学工业出版社，2020.6（2025.4重印）
ISBN 978-7-122-36416-6

Ⅰ.① 这… Ⅱ.① 何… Ⅲ.① 中国历史-春秋战国时代-
少儿读物 Ⅳ.① K209

中国版本图书馆CIP数据核字（2020）第039777号

责任编辑：丁尚林　马羚玮　　　　　　　　　　　　　装帧设计：尹琳琳
责任校对：宋　夏

出版发行：化学工业出版社（北京市东城区青年湖南街13号　邮政编码100011）
印　　装：中煤（北京）印务有限公司
787mm×1092mm　1/16　印张12　字数177千字　2025年4月北京第1版第12次印刷

购书咨询：010-64518888　　　　　　　售后服务：010-64518899
网　　址：http://www.cip.com.cn
凡购买本书，如有缺损质量问题，本社销售中心负责调换。

目录

历史是这样的

春秋战国怎么有那么多国家？

老子和孔子谁更厉害呢？

退避三舍、完璧归赵、毛遂自荐……这些成语是怎么来的呢？

如果你有过这些疑问和思考，那么非常欢迎你和我们一起推开远古历史的大门。

我们中华文明有着五千年悠久的历史，其中有很多有趣的故事，也有很多前人总结出来的经验和智慧。

学习这些历史不仅可以拓宽我们的视野，丰富我们的知识面，还能使我们更加明事理。

唐太宗曾说过："以史为镜，可以知兴替。"

哲学家培根也曾说过："读史可以使人明智。"

为了方便小读者们了解真实的历史脉络，对历史产生兴趣，我们联合了众多历史学者特意编撰了这本《这就是中国历史——春秋战国》，见证诸侯争霸的时代。

诸侯崛起

春秋时期，历史舞台的主角是诸侯。郑庄公打败了周天子，预示着新时代的到来。

齐桓公不计前仇，任用管仲为相，多次与诸侯会盟，成为春秋时期第一位霸主。

晋献公借道伐虢（guó），晋国从此强大起来。他翻脸比翻书还快，真是无耻之极啊。但大鱼吃小鱼的世界就没地方说理。

五张羊皮买来一个人才，秦穆公真是赚大了，秦国开始成为一个强国。可是秦国偏居西部，中原霸主暂时轮不到他。

 掘地见母

进入春秋时期后，周王室逐渐衰落，中华大地上分布着很多大大小小的国家，其中属郑国的实力最为强大。郑国的国君姓姬，一直以来都在周王室担任卿士，政治地位比一般诸侯高，是当时政治舞台的主要角（jué）色。郑国的首任国君就是大名鼎鼎的郑桓公，他和周幽王在犬戎之乱中一起丧生。

继任的国君是桓公的儿子郑武公，为了躲避犬戎的骚扰，他下令将国都迁到嵩山以东的新郑。

郑武公的夫人叫武姜，她一共生了两个儿子。大儿子出生时难产，武姜差点把命都丢了，所以给大儿子取了"寤生"（字面意思为"难产"）的名字。而小儿子段不仅出生十分顺利，而且从小健康活泼、聪明伶俐，因此武姜对小儿子宠爱有加，对大儿子则不闻不问。

公元前744年，郑武公病重，眼看没几天日子了。武姜多次请求立小儿子为世子，但都被武公拒绝了，因为在当时的社会流行嫡长子继承制，破例让次子即位甚至有可能会引起国家动乱。不久之后，武公去世，寤生即位，他就是历史上的郑庄公。武姜没能遂愿，心里十分不快，想为自己的小儿子争取一点利益，她对寤生说："你继承了父位，封地辽阔，多达千里，但你弟弟的封地却只有一点点，你怎么忍心看他受苦呢？"

庄公问："那母亲，您看把哪座城封给弟弟合适呢？"

武姜说："依我看，制这座城就挺合适的。"

庄公回答说："不可，父亲曾叮嘱过我，制是我们郑国最为险要之处，不能分封给任何人。除了制，随便哪座城都可以。"

武姜见无法说动庄公，于是改口说："那就京这座城吧，怎么样？"

京也是一座大城，在郑国占有重要地位。但因为有言在前，加上母亲的坚持，庄公也只好答应了。

第二天上朝的时候，庄公派人把段叫了过来，宣布要把京这座城封给他，大夫祭仲听了后极力劝阻道："不妥啊！按照惯例，分封给臣下的城市规模不能过大。京可是一座比国都还要大的城市，假如分封给您的弟弟，不但不合规矩，

郑庄公

对您更是百害无一利啊！"但庄公却说："京是母亲为段讨要的封地，我不敢不从。"于是，庄公还是坚持把京封给了段，段因此被称为京城太叔。

段本身就有野心，加上母亲在背后不断撺掇，来到京之后他便开始招兵买马，训练士兵，并很快夺取了京附近的两座小城。

祭仲得到消息后建议庄公出兵讨伐段，但庄公只是微微一笑，毫不在意地说："多行不义必自毙，我们静待时机即可！"

一天，周王室派使者来请庄公过去处理一些要务，庄公便离开郑国去了周国都。段见机会来了，准备率领大军乘虚而入，攻占国都。他马上写信给母亲，要她在郑国做自己的内应，偷偷打开城门放军队进城。段本以为自己能够一举成功，但接下来的现实却狠狠打了他的脸。原来，庄公早就料到段会趁着自己不在出兵作乱，于是事先在京城郊外埋伏了一支精兵。段率兵出城后，埋伏的精兵就占领了他的大本营。庄公得到段起兵攻打国都的消息后立刻率军回攻。段见庄公早有准备，于是放弃进攻国都，想回师夺回大本营。但他手下的士兵疲于奔波，早已无心恋战，战争还没开始就溃逃了大半。段赔了夫人又折兵，只好先逃到自己最初的小封地共城去躲一下。

庄公也不是吃素的，他率大军一路追到共城。这座小城原本就没有多少兵力，哪里守得住。段心里又怕又悔，不知所措，于是拔剑自杀了。

叛乱平息后，庄公开始处理参与这件事情的人了。他找到了武姜和段密谋造反的书信，并派人拿给武姜看，随后将她赶出宫廷安置到其他地方。庄公当众发誓说："我与你母子情义已绝，从此不到黄泉绝不见面！"

经过这次平叛，郑庄公心里长久以来的怨气终于出了。但日子一长，他发现百姓在背后指责他不守孝道。忠孝二字对治国极为重要，试想一下，如果国君都不孝顺自己的母亲，又有什么资格要求臣民对他尽忠呢？庄公想接母亲回来，但自己又当众发过毒誓。就在他左右为难之际，有人进来通报，说一个叫颍（yǐng）考叔的人带着一只异禽来进献。庄公接见了颍考叔，并问他："你进献的这只异禽是什么鸟啊？"

颍考叔回答说："这鸟名叫夜猫子，白天啥都看不见，夜里却什么都看得清

古人劝谏君王时，常采用委婉的方式，否则，君王一怒，就有杀身之祸

清楚楚。它刚出生时母亲含辛茹苦喂食它，等它长大后翅膀硬了，转头就把自己的母亲啄死吃了。这样不忠不孝的鸟实在过分，我特地把它捉来献给主公吃。"庄公听出他的话外之音是说自己不孝，但却无言反驳。

随后，庄公设宴款待颍考叔。席上，颍考叔请求庄公允许他带些肉回去给自己的老母亲吃。庄公早已看出他的来意，于是装模作样地说："你可真

武姜，郑庄公的母亲

▲ 黄泉相见

是大孝子啊！"言罢又装作暗自神伤的样子。

颍考叔问："主公，您为何事烦忧呢？"庄公说："唉，你有母亲可以孝敬，而我母亲尚在，却至死不得相见啊！"

颍考叔本来就是为了此事而来，于是说道："这有何难？你派人掘地三尺挖出泉水，再修建个地宫。你与太后在地宫见面，就不违背当初您立下的誓言了呀！"

郑庄公听完大喜，立刻派人照办，这对互为仇敌的母子终于得以见面。庄公还特地赋诗一首："黄泉之下，其乐融融……"

箭射周天子

随着周王室的衰弱，各诸侯国的势力不断壮大，锋芒已经盖过周王朝。周天子虽然名义上还是"天下共主"，但其实已经失去了号令诸侯的实力。一些大诸侯公然破坏周王室的规矩，其中最先展开行动的就是前文中提到的郑庄公。

郑庄公在当时很有权势，不仅拥有郑国这块封地，而且还担任着周王室的卿士，常常围在周天子身边，手握重权。时间长了，他觉得天子也就这样，没什么特别的，就不怎么把周天子放在眼里了。这让周平王很生气，他觉得自己被冒犯了，于是想把一部分权力交给姬姓王室子弟虢公，分解郑庄公的权势。郑庄公得到消息心生不满，于是气势汹汹地找周平王理论。周平王本身就是个空架子，见对方这么来势汹汹，瞬间就怂了，便连连道歉，表明自己不会这样做的。但郑庄公已经不信任他了，于是说道："既然这样，那咱们互换人质，如何？"

堂堂周王室的太子，竟然沦落到去诸侯国作人质，这在以往是想都不敢想的事情。但现在，手里无权的周平王只能妥协，打碎牙齿往肚子里咽，谁让自己先挑事儿了呢？就这样，当时的周太子姬狐去了郑国作人质，郑国的世子到周王室来作人质。

周平王去世后，周桓王即位。他心高气傲，年轻气盛，不甘心受制于人，想剥夺庄公的权力。一天，他对庄公说："郑伯呀，您是先王的重臣，一直为国家呕心沥血，费心操劳。如今我继位，实在不该再让您劳累了。"庄公听完就明白了周桓王的言下之意，知道他是想夺权。他表面上默不作声，心里却非常生气，暗暗记了桓王一笔。

庄公回到郑都以后，郑国的臣子们都气愤不已，说周桓王忘恩负义，过河拆桥，有的大臣甚至主张立即出兵，给这个乳臭（xiù）未干的新天子一点教训。但大臣祭仲却反对这么做，他建议先在边境一带挑点事儿试一下水，看周桓王会怎么处理。

到了这年的麦收时节，祭仲带着几千名士兵来到与周朝交界的温邑，这里本归周朝管辖，但祭仲一上来就毫不客气地对温大夫说："敝国今年遇上灾荒，百姓没有粮食吃，我今天特地来跟你借点粮。"

温大夫仗着周天子的威风，一点也不买他的账，语气生硬地回答说："借什么粮？天子不下令，我怎么敢开仓借粮。"

祭仲哈哈一笑，说："不需要你开仓放粮，这不有现成的熟麦子吗？我们自己动手割，不劳您费心了。"说完就下令士兵去田里收割。只见几千名士兵跑进麦田，只用了半天时间就把周围的麦子割光了。温大夫敢怒不敢言，只能眼睁睁地看着郑国把麦子运了回去。他们走后，温大夫立刻把这事上报给周桓王。桓王听了勃然大怒，痛骂道："这郑伯也太不把老子放在眼里了，抢粮食抢到我头上来了。我一定要给他点颜色瞧瞧！"

见周桓王准备大动干戈了，大臣黑肩连忙劝阻道："大王淡定，这一定是郑伯故意找茬儿，想惹我们出兵制造动乱。如果我们大动干戈，这不就中了他的计了吗？"周桓王觉得黑肩说得有理，只好忍下这口气。到了这年秋天，郑庄公又派兵来到周朝地界抢收了一批谷子。在黑肩的劝说下，周桓王也没有追究。

后来，郑庄公打着周天子的旗号出兵，联合鲁、齐两国讨伐宋国。宋军寡不敌众打了败仗，宋殇公也在战争中身亡。接着，郑庄公一手扶持宋殇公的叔伯兄弟宋庄公即位。此时的郑庄公俨然成了众多诸侯国的大哥。

周桓王得到消息后非常生气，因为自古以来都是礼乐征伐自天子出。而郑庄公不顾礼法规矩，公然越位，讨伐他国，简直太不把天子放在眼里了！于是，周桓王下令免去了郑庄公卿士的职务。从此，郑庄公对桓王更加深恶痛绝，再也不来洛邑述职了。按照当时的制度，诸侯王有义务定期去向天子述职。周桓王便以此为借口，征调了蔡、陈、卫三国的军队向郑国兴师问罪。但咱们的郑庄公也不是吃素的，他立即调集国内的军队准备应战。两军在繻（xū）葛相遇，士兵们严阵以待，战争一触即发。

周桓王看到诸侯竟敢跟天子对阵，心中怒火中烧，于是亲自领兵向郑军冲杀。他原本以为自己有天子光环护体，那些郑军看到天子驾临，一定会不战而退，四处溃逃。哪知道那些郑军根本不把他当回事，挥着刀剑呐喊着就冲了过来。蔡、陈、卫三国都是小国，加一块也不是郑军的对手。没一会儿，三国军队便败下阵来。周桓王见状急忙下令撤兵，但郑军穷追不舍，奋力追杀，周王室和三国军队四散溃逃。在逃跑的途中，周天子的肩膀被郑国将军祝聃（dān）的箭射中。祝聃正要带兵上前捉拿周桓王，正好传来收兵的命令，便放了周桓王一马。

回营后，祝聃问庄公为何不让他捉拿周桓王。郑庄公回答说："我本无意和周王室交战，要是捉了这周天子，其他诸侯国肯定会联合起来对付我，到时候就没法收场了。不如见好就收，放他一马吧！"

这一仗过后，周王室颜面扫地，周天子的胳膊还受了伤。郑庄公也觉得有点过了，于是派祭仲带着一些补品向周桓王请罪。桓王捂着受伤的胳膊，

据史籍记载，中国历史上被杀害的君王、皇帝几乎占到三分之一，周天子名义上是天下的主人，但依然面临很多挑战

周天子

祝聃替郑庄公箭射周天子，
并打败周天子的军队，功
劳很大，看似应该重赏。
但是，古往今来助纣为虐
的人很少有能够善终的，
往往成为替罪羊而被杀害

祝聃

打也不是，撤也不是，正愁怎么下台。这下好了，他顺着这个台阶装模作样地赦免了庄公之罪，然后灰溜溜地班师回朝了。虽说郑庄公给了周桓王台阶，但周天子神圣不可侵犯的权威还是被打破了。各大诸侯国开始互相争夺霸权，周天子的力量愈加削弱，再也无力号令诸侯、控制天下的局势了。

▼ 春秋青铜编钟

管鲍之交

春秋时期，齐国有两个能人，一个叫管仲，一个叫鲍叔牙。他们彼此关系很好，是难得的知己。管仲年轻的时候曾经和鲍叔牙一起做买卖，他家里比较拮据，没有拿出多少本钱来，可是在分红利的时候却多拿了一些。鲍叔牙手下的人都不服气，觉得管仲贪婪。但鲍叔牙却满不在乎地替他辩解说："管仲才不会贪这几个钱，是我看他家里比较困难自愿让给他的。"

管仲在带兵打仗时，总是很怕死的样子，进攻的时候躲最后面，撤退的时候却最积极。他手下的士兵全都在背后议论纷纷，不想再跟他打仗了。鲍叔牙又替他解释说："管仲不是真的怕死，是因为家里还有一位老母亲要照顾，所以才格外惜命。"

鲍叔牙之所以总是维护管仲，无视管仲的种种缺点，是因为他知道管仲是难得的人才。管仲听到这些话后感慨地说："生我者父母也，知我者鲍叔牙也！"就这样，他们二人结成了生死之交。

齐国的国君齐襄公没有儿子，只有公子纠和公子小白两个异母兄弟。后来，管仲成为公子纠的老师，而鲍叔牙则当上了公子小白的老师。齐襄公是一个残暴的统治者，国内动乱频繁。为了躲避灾祸，管仲带着公子纠逃到鲁国，鲍叔牙则和公子小白逃到莒（jǔ）国。

公元前 686 年，齐国发生内乱，齐襄公被杀，大臣们准备接公子们回来即位，谁先回国自然就有优先继承权。两位公子都想赶紧回国即位，鲁庄公亲自率兵护送公子纠回国，并派管仲带兵去路上伏击公子小白。

管仲日夜兼程，终于在走到莒国边境的时候追上了公子小白的队伍。管仲问道："公子行色匆匆，这是去哪儿啊？"小白警惕地说："回国料理襄公的丧事。"

管仲又说："公子纠比您年长，由他去料理这些事就行了，您又何必这么着急呢？"

公子小白脸色沉了下来，不耐烦地说："我们的家事还轮不到你来管吧，快让开。"说完，后面的随从纷纷围了上来，像是要和管仲动手一样。

管仲看到这架势，只好假装要走，然后偷偷抽出箭来，突然弯弓搭箭，转身向小白直直射去。小白中箭后大叫一声，口吐鲜血，向后倒了下去。管仲以为小白必死无疑，于是立刻向公子纠和鲁庄公报喜。公子纠听到消息后以为王位已经是囊中之物，便放慢了赶路的速度。谁知道，管仲那一箭只射中

▲ 管仲和《管子》

管仲辅佐齐桓公，实现了富国强兵，抵御了夷狄对中原的侵犯，使华夏文明得以延续。孔子对他评价很高，说："如果没有管仲，我们现在都是披散着头发的野蛮人。"

管仲的思想被后人汇集成《管子》一书，此书现存 76 篇，内容极为丰富，包含道家、法家、儒家等思想，以及丰富的经济学思想。

了小白的衣带钩，并没有伤及性命。小白将计就计，故意咬破舌头，吐出血来，骗过了管仲。等管仲走远后，小白起身和随从继续赶路，日夜兼程，终于在几天后赶到了国都临淄。

而此时公子纠一行人还在半路上优哉游哉地做着美梦呢。

公子小白靠计谋抢先回国，当上了齐国国君，他就是大名鼎鼎的齐桓公。几天后，鲁庄公、公子纠一行才姗姗来迟。他们听说公子小白已经即位了，才知道

自己上当了。公子纠怒不可遏，立刻出兵攻打齐国，想趁机把王位夺回来。齐桓公亲自带兵迎战，鲁军人少势弱，不是齐桓公的对手，遭遇惨败。鲁庄公被迫杀了公子纠，还答应交出路上偷袭齐桓公的凶手管仲。管仲被押送着去了齐国，他本以为自己性命难保，谁知到了齐国后被好朋友鲍叔牙安顿到自己家里。接着，鲍叔牙去见了齐桓公，对他说："齐国现在有一位举世无双的人才，只要你重用他，齐国必然能够国富民强，称霸于诸侯。"

桓公急忙问："齐国还有这样的人？快说来听听。"

鲍叔牙故作神秘地说："这个人就是，管仲。"

桓公一听愣了，说："管仲不是射伤我的那个人吗？大仇还没报呢，我怎么能重用他呢？"

▼ 管鲍之交

鲍叔牙说："大王，当时管仲是公子纠那边的，他自然要害您，这叫各为其主。现在公子纠已经死了，如果大王重用管仲，他也会对您忠心耿耿的呀！"

　　桓公说："我觉得你就非常忠诚能干呀！我正打算拜您为相，辅佐我治理国家呢！"

　　鲍叔牙说："承蒙大王厚爱，我感激涕零。但我不过是个小心谨慎、奉公守法的臣子罢了，没有治国理政的才能。管仲才是能帮您治国图霸的人才呢。"

　　听完这些，桓公决定放下过去的恩怨，他对鲍叔牙说："既然这样，你带他来见我吧。"

　　管仲见到齐桓公后，立刻跪下来向他请罪。齐桓公没有责怪他，而是扶他起来，向他询问治国方略。管仲侃侃而谈，与齐桓公的想法不谋而合，说得齐桓公万分高兴。就这样，管仲被任命为齐国的卿相。在接下来的几年时间，管仲进行了一系列的改革，齐国政治、经济、军事都强大起来，社会面貌为之一新，很快就成为当时首屈一指的强国。

　　鲍叔牙胸怀坦荡，主动让贤，将管仲推上春秋时期的政治舞台，成就了齐桓公的宏图霸业。等到管仲退位的时候，他没有因为私交和恩情就推荐鲍叔牙当卿相，而是推荐了更有治国才能的人。鲍叔牙非但没有责怪他，反而觉得管仲做得很对。他们二人是生活中的好朋友，私交颇深，但同时又心怀大义，以国事为重，大公无私，坦坦荡荡。这种真正的交情被后人赞颂为"管鲍之交"。

曹刿论战

　　继位后的齐桓公对鲁国曾支持公子纠争夺王位这件事一直耿耿于怀，于是决定出兵讨伐，给鲁国一点教训。当时齐国已经是首屈一指的强国了，而鲁国人少国弱，根本不是齐国的对手。齐军一路打到鲁国的长勺（今山东莱芜附近），鲁国上下一片惊慌。

当时鲁国有一个叫曹刿（guì）的人，他虽然只是一个普通老百姓，但他十分关心国家兴亡，并且略懂军事。曹刿听说齐军大兵压境，情形危急，于是决定挺身而出，救国家于危亡之际。有人不屑地对他说："曹刿啊，国家大事自有那些吃大鱼大肉的官员去管，哪里轮得到你这个普通老百姓操心！你何必瞎忙活呢？"曹刿却说："那些官员目光短浅，没有什么谋略，不一定能想出什么好办法。我无论如何得去见一下国君，把我的计谋告诉他。否则鲁国就真的危险了！"

齐军兵临城下，鲁庄公正准备出兵迎战。这时，有士兵上报说有人来献策，鲁庄公立刻下令召见。曹刿见了鲁庄公问道："齐国大军压境，听说您准备出兵抵抗，请问您靠什么来战胜齐军呢？"

鲁庄公回答说："我有众人的支持！平日里我总是好吃好喝招呼大家，有好东西从来不敢独享，总是分给臣下。别人对我心存感激，自然会全力支持我！"

曹刿反驳道："和性命比起来，这些不过是小恩小惠罢了，而且只是您身边少数人才能享受到这种待遇，普通老百姓并没有得到您的好处，怎么会真心为您卖命呢！"

鲁庄公又说："我有神灵的保佑！在祭祀神灵的时候我总是诚心实意，贡品应有尽有，从来不会弄虚作假，神灵看在平日里我尽心供奉的份儿上，一定会保佑我打胜仗的。"

曹刿又摇着头说："这些不过是鸡毛蒜皮的小

▼ 春秋青釉双系罐

事，神灵那么忙，怎么会因为这个就保佑您打胜仗？别说这些虚的了，还是整点实在的吧！"

鲁庄公想了想又说："有老百姓来打官司，我虽然没有全部过问，但我敢说凡是经我手处理的案件基本上都是公平合理的。"

曹刿听完高兴地说："自古得民心者得天下，大王您能想到百姓疾苦，就能赢得民心，凭这点是有希望打胜仗的。"

鲁庄公对曹刿并不了解，他问道："既然你说得头头是道，那现在你有什么计谋可以战胜齐军呢？"

曹刿笑着说："战场上瞬息万变，哪有什么固定的办法，需要指挥者随机应变。请让我跟您一起去战场上见机行事吧！"鲁庄公觉得曹刿说得有理，便带着他乘上兵车，一起奔赴长勺。

到了战场上，齐鲁两军分列两侧，蓄势待发。齐国的鲍叔牙曾率兵击败过鲁国，所以这次并没有把鲁军当回事。他求胜心切，两军刚一接触便下令擂鼓进攻。鲁庄公听到齐军鼓声震天，沉不住气了，也要下令擂鼓冲锋。曹刿见状赶忙劝阻道："大王且慢！要想获胜就不能轻举妄动！请您下令凡是有随意行动、不听指挥的士兵，斩立决！"鲁庄公照做了。这时，齐军随着鼓声冲杀过来，但鲁军却无动于衷，依然严阵以待。齐军见无隙可乘，只好先退回去。过了一会儿，齐军的战鼓又响了起来，鲍叔牙再次下令士兵冲锋，但鲁军还是纹丝不动。齐军只好又退了回去。鲍叔牙见连续冲锋两次鲁军

▲ 春秋元徙青铜戈

在古代很多战场上都有戈的凛冽光影。两国军队利用方阵作战时，战车部队靠着马匹的冲劲，迅速进入敌营，战车上的戈兵飞速移动着戈头，敌营的士兵避之不及，纷纷毙命。

上图是春秋时期的青铜戈，装配在现代的木棍上，依然能看出当年的腾腾杀气。

都没什么反应，得意地对手下的人说："鲁军看到我们齐军怕是腿都吓软了，连应战都不敢。我们再冲锋一次，他们必败无疑。"说着就又传令擂鼓。齐军又冲了上去，眼看就要逼近鲁军的阵前。鲁军士兵都憋足了劲，准备和齐军决一死战。曹刿见时机已到，于是手提宝剑，指向北方说道："生死存亡在此一举，请大王下令擂鼓冲锋！"随后，鲁庄公便传令下去，擂鼓冲锋。

　　齐军冲锋两次，但鲁军都纹丝不动，大家都以为这第三次冲锋鲁军肯定也不会还手，于是放松了警惕，无精打采地冲了过来。谁知道此时鲁军阵营中鼓声大作，鲁国士兵排山倒海般冲了过来，刀劈箭射，勇猛无比。齐军应付不

春秋时期打仗时，敌我双方摆好阵势，擂鼓进攻，鸣金撤退，很讲究礼仪和程序。但从战国时期开始，战争更注重结果，并讲究计策，兵法书籍更是层出不穷

及，被杀得七零八落，落荒而逃。鲁庄公见状准备下令乘胜追击，曹刿阻拦说：
"大王且慢，待我侦查一番再说。"曹刿跳下兵车察看了一下地面，又登
上兵车瞭望了远方，这才对鲁庄公说："可！"鲁庄公指挥着鲁军追击
了三十多里，击杀了许多齐军，还缴获了许多车马兵器，最终
凯旋。

◆ 知识链接

长勺之战的影响

    当时齐桓公正在与诸侯争霸，万万没想到会在长勺之战败给鲁国。这促使齐桓公进行反思，进而调整自己的称霸方针。

    鲁国以少胜多，取得了罕见的胜利，也间接促成了数年后齐鲁两国的和谈。

    这次鲁军打了一个漂亮的翻身仗，但鲁庄公并不知道鲁军是如何战胜强大的齐军的。他问曹刿："齐军如此强大，为什么直到第三次擂鼓你才让我军还击呢？"曹刿回答说："打仗嘛，最重要的是士气，有士气才能得胜。战场上之所以要擂鼓，就是为了鼓舞士气。一鼓作气，再而衰，三而竭。我不急着擂鼓应战，是为了让我军保持旺盛的士气。对面都擂了三次鼓，士气正是最低落的时候。而我们一鼓作气攻过去，岂有不胜的道理？"

    鲁庄公恍然大悟，他又想到另外一个问题，接着问道："那齐军大败而逃的时候为何不让我下令马上追击呢？"

曹刿回答说："齐国实力不容小觑，而且在作战中又诡计多端。我担心他们佯装败退，实则设下埋伏等我们上当，所以不敢贸然追击。待我察看一番后发现他们车辙混乱，军旗东倒西歪，判定他们确实是仓皇逃跑，这才请您下令追击。"

鲁庄公听完这一番论断后不由心生敬佩，连声称赞道："您真是精通战事的军事家啊！"

这场战争就是历史上以少胜多的著名战役——长勺之战。曹刿关于战争的论断十分高明，他认为要取胜必须是民心所向，在作战时还要鼓己方士气，泄敌方威风。由此可见，曹刿还是一位心理学家呢！

▲ 直刃匕首式青铜短剑

九合诸侯

齐国虽然在长勺吃了败仗，但这对齐国来说不是什么大事，并没有伤及国家根基。此后的十几年，在管仲的辅佐下，齐桓公励精图治，齐国的政治、经济、军事都有很大的发展，成为当时首屈一指的强国，齐桓公也逐渐有了称霸诸侯的野心。一天，燕国派使者来向齐桓公求救，说燕国被附近一个叫山戎的游牧部落给揍了，他们还在燕国境内烧杀掠夺，抢了很多物资。齐桓公觉得这是一个展示国力、建立威信的好机会，于是决定率领大军去救援燕国。

公元前 663 年，齐桓公和管仲一起率领大军到达了燕国地界。此时，山戎刚刚在燕国边境抢走一

◆ **知识链接** 九合诸侯

什么是"仁义"？

仁义，本意为仁爱与正义，是儒家推崇的道德准则。

孔子讲"仁者爱人"，孟子讲"舍身取义"，他们都是讲人的基本道德，后来在仁和义的基础上，又加上了礼、智、信，合称为五常，为一个人的基本道德准则。

批百姓和财物，准备回自己的大本营。齐桓公和管仲得到消息后立刻下令部队向北追击山戎，但山戎部落的人狡猾多端，他们故意把齐军引到了一个叫旱海的地方。这里四周全是一望无际的戈壁滩，齐军一到这里就迷了路，根本不知道该往哪里走。还好管仲想到了一个好主意，他对齐桓公说："这里到处都是戈壁，靠我们肯定走不出去。不如找几匹当地的老马，让它们在前面带路，或许还有一线希望。"

　　齐桓公派人去挑了几匹当地的老马，然后去掉它们的缰绳，让它们走在队伍最前面领路。这几匹老马带着齐军走啊走啊，没想到还真走出了旱海这个鬼地方。

接着，齐桓公依靠强大的军事力量击败了山戎，使得山戎再也不敢侵犯燕国。燕庄公对齐桓公感激涕零，齐桓公的名声也渐渐在诸侯间传开了。

后来，一个叫狄的游牧部落侵犯了邢国，邢国吃了败仗，于是又向齐国求救。齐桓公非常仗义地率领军队赶跑了狄人，还帮邢国重筑了边境的城墙以抵挡外族入侵。接着，齐桓公又率兵帮卫国击败了前来侵犯的外族，还帮他们在楚丘重建了一个国都。就这样，齐桓公在诸侯间的威望迅速提高，并开始有称霸的趋势。

当时，南方还有一个大国叫楚国，因为地理位置比较偏远，和中原诸侯没什么来往，一直被中原诸侯视为没有进化的野蛮人。但楚国地域广大，拥有富饶的土地和为数众多的人口。它不断兼并周围的小国和部落，逐渐发展成为一个强大的国家。

公元前656年，楚国国君干脆自立为王，根本不把周天子当回事。齐桓公一看偏远的楚国居然敢称王，这事儿得管，于是联合了宋、鲁、陈、卫、郑、曹、许七国讨伐楚国。

楚成王得到消息后立刻集结军队准备迎战，但他知道要战胜八国的联军并不容易，于是派使者屈完去向齐桓公讲和。屈完对齐桓公说："我们大王托我问问您，齐国在北，楚国在南，两国素不来往，井水不犯河水，为何大老远来攻打我们呢？"

一旁的管仲听到后责问道："虽说齐楚两国相隔甚远，但都是周天子的封国。当年齐国太公受封时曾接到命令：谁若敢不服从天子，齐国有权征讨。

化干戈为玉帛

干和戈都是古代兵器，常用来指战争，玉和帛是两国交往时用的上等的礼品。这个成语用来形容停止战争或争斗，重新归于和平、友好的意思。

夏部落的首领鲧为了保护部族，建造很高的城墙和护城河，但是部族却纷纷离开了，周围的部族也对夏部落保持敌对。禹当首领后为了改变这个情况，拆掉了城墙，填平了护城河，毁掉了兵器，并将财物分给部族，用仁德教导部族。周围部落都愿意归附。禹在涂山召开部落大会时，前来会盟的氏族部落首领都带着玉帛和丝绸一类的贵重物品，表示对禹的臣服。

▼ 春秋时期青铜器楚王鼎

楚国每年都应向周天子进贡包茅（用来滤酒的一种茅草），为何不见你们进贡呢？"

屈完被怼地哑口无言，只好心虚认错："没有按时进贡包茅确实是我们的过失，以后一定按时进贡。"屈完的劝说并没有起作用，齐桓公又下令各国军队拔营前进，一直走到召陵（今河南郾城县）才安营扎寨。

看到这样的架势，楚成王有点慌了，他又派屈完去试探齐桓公。齐桓公为了向屈完显摆一下自己强大的军队，请他和自己一起乘车阅兵。看着军容整齐、兵强马壮的队伍，齐桓公不由得心生得意，他对屈完说："拥有如此强大的军队，试问何人能抵挡得了？"

屈完听后淡淡一笑，不以为然地说："您匡扶王室，救助弱小，追求道义，所以其他诸侯才对您心悦诚服。但如果光凭武力的话，您的军队再强大也未必能攻进楚国的城池。"

听完屈完的话，齐桓公不由得敬佩起他来。他深知打败楚国并不容易，说不定会造成两败俱伤的结果。再加上楚国前面已经承认错误，答应按时进贡包茅，也算给足了自己面子。于是，齐桓公便和楚王约定在召陵会面，还一起订立了盟约，史称召陵之盟。随后各国军队便撤军回国了。

过了一段时间，周王室发生内乱，齐桓公出兵帮助太子姬郑即位，他就是历史上的周襄王。为了报答这份恩情，周襄王特地派使者将祭祀太庙的祭肉给齐桓公送了过去。趁着这个机会，齐桓公又在宋国的葵丘（今河南兰考东）与诸侯会合，招待天子的使者，并订立盟约。此后，齐桓公又多次大会诸侯，历史上称"九合诸侯"。由此，齐桓公最终建立了霸业，成为春秋时期的第一位霸主。

公元前643年，齐桓公因病去世，他的五个儿子为了夺权互相攻打。几年下来，齐国的国力逐渐衰弱，丧失了霸主地位。

唇亡齿寒

春秋时期有两个小国，一个叫虞（yú），一个叫虢（guó），位置大概位于今山西省的西南角。这两个国家山水相连，相处和睦，有个什么事儿总会互相帮忙。虢国和晋国相邻，晋国是当时数一数二的大国，它总想吞并虢国扩大地盘，但苦于一直找不到机会。

一天，晋献公问大夫荀息："我想吞并虢国，现在能出兵讨伐吗？"荀息回答说："不行，现在虞虢两国交好，如果我们攻打虢国，虞国一定会派兵救援。咱们一打二，没有绝对的胜算呐！"

献公无奈地说："那有什么好办法吗？"荀息回答道："虢公这个人喜欢玩乐，不如我们送些漂亮歌女去，让他纵情享乐，不理政事，这样我们就有机会了。"献公

晋献公

◆ **知识链接**

晋国的由来

晋国位于今山西南部，是周成王之弟叔虞的封国。

听完觉得这是个好计策，于是派人照办。虢公得到晋国送来的歌女后果然开始吃喝玩乐，政事全都丢给了大臣。这时，晋献公又问荀息："虢公沉迷享乐，现在我们可以攻打虢国了吗？"

荀息说："可以，但我国和虢国中间隔着一个虞国。要想以最快的速度攻打虢国，最好是从虞地经过，还要说服虞国不要来援救。"

晋献公说："虞虢两国既是近邻，还是亲戚，咱们伐虢，虞公会坐视不理吗？更别提借路了！"

荀息说："放心，我自有办法，虞公贪婪，咱们可以给虞公备上一份厚礼。"

荀息带着一双名贵的玉璧和一匹千里马去见了虞公，虞公见到如此珍贵的礼物喜笑颜开，但他也知道对方是肯定有求而来，于是问荀息说："这些可都是国宝，贵国怎么舍得送给我？说吧，有什么要帮忙的？"

荀息回答说："敝国国君对您仰慕已久，小小礼物实在不成敬意，不过确实有点小事需要您给帮个忙。虢人多次侵犯敝国边境，实在欺人太甚。我们国君决定给他们点教训，贵国能否给我们借一条路？"虞公觉得不过是让条路而已，对自己也没有什么损失，竟然直接同意了。

虞国大夫宫之奇劝阻说："虢虞两国就好比嘴唇和牙齿的关系，俗话说'唇亡齿寒'，若是没了嘴唇，牙齿就会受冻。虢国要是被灭，虞国还能长久吗？"

虞公鬼迷心窍，反驳道："晋国可比虢国强大十倍，要是答应了晋国的要求，就能和晋国交上朋友。

▲ 虢季铜方壶

那么，失去了虢国又能怎么样？"

宫之奇还想反驳，虞国的另一个大夫百里奚在背后偷偷扯了扯他的袖子，示意他不要再说话。退朝以后，百里奚对宫之奇说："聪明人给糊涂人出主意，白费劲！现在国君肯定听不进去，再劝下去恐怕你小命难保。"

宫之奇料到晋国灭掉虢国后一定会来收拾虞国，就悄悄带着全家老小逃命去了。

在虞国的指引下，晋军轻松灭掉了虢国。晋国将军里克给虞公送去了一些抢来的金银财宝，这下虞公更高兴了。里克请求将大军驻扎在虞国都城外休息几日再撤军，虞公竟然也同意了。

一天，一名士兵上报说："国君，晋侯来了，已经走到了城外。"虞公听完急忙备车去城外欢迎。晋侯提前派人约虞公去山上狩猎，虞公为了显示自己的排场，几乎把城中的兵马全都调了出来随他去狩猎。这时，城外的里克知道机会来了，他趁着国内空虚轻而易举地就占领了虞国。

虞公在城外正玩得起劲呢，百里奚气喘吁吁地跑来告诉他说："大事不好！都城被占了，您快回去吧！"虞公刚到城边，发现城楼上旗子已经换成了晋国的旗子。虞公恼怒不已，下令攻城，不料城上箭如雨下，虞国军队的进攻被击退。

这时晋献公带着人马赶到，他意气风发地对虞公说："我这次就是来取回我的玉璧和千里马的！"说完便下令捉住了虞公，虞国从此灭亡，晋国变得更加强大了。

五羊皮大夫

虞国被消灭以后，虞公和虞国大夫百里奚都被晋国俘虏，变成了奴隶。那年，秦穆公派公子絷（zhí）到晋国求婚，晋献公决定将大女儿嫁给他。到了挑选陪嫁的奴隶的时候，晋献公见百里奚老得头发都白了，留在晋国也没什么用，就把他也算上了。百里奚随着出嫁的队伍一起去往秦国，路上他趁着看守的士兵不注意偷偷逃走了。等他跑到楚国后又被楚国人抓起来关进大牢。

秦穆公清点嫁妆时发现陪嫁的奴隶少了一个，就追问起来。正巧秦国有一个叫公孙枝的人，他对百里奚略有耳闻，于是对秦穆公说："这个逃跑的奴隶叫百里奚，是虞国人。听闻他满腹才华，很有治国理政的能力。但因为家境贫困，一直得不到明君赏识，只好将就着在虞国当个小官。后来虞国灭亡，他就被晋国捉住成了奴隶。"

秦穆公非常爱惜人才，很想把百里奚招入麾下。他派人到处打听百里奚的下落，终于得知原来他在楚国做奴隶。秦穆公想派人带着厚礼去楚国赎回百里奚，但公孙枝觉得如果真的这样做的话，岂不是告诉楚国人他是个难得的人才。楚国人又不傻，怎么会把这样的人放走呢？于是秦穆公决定还是按照奴隶的身价去赎百里奚。他派使者带了五张羊皮来到楚国，使者对楚国人说："我们有个叫百里奚的奴隶逃到贵国来了，请您把他交给我们惩处，免得其他奴隶跟着学坏。这几张羊皮请笑纳，就当是这个奴隶的赎金。"

楚国人果然没有起疑，开开心心收下羊皮，然后把百里奚交给了秦国使者。

使者将百里奚带回秦国，秦穆公赶紧召见了他。但等见到百里奚后，秦穆公颇感失望，因为眼前这个人老得头发都白了。他问道："您今年贵庚？"百里奚回答说："已经七十岁了。"百里奚很清楚秦穆公心里的想法，于是接着说道："大王如果是想派我去上阵打仗，那我确实年迈不中用了。可如果大王是想赎我回来出谋划策,那我可比当年的姜子牙还年轻十岁呢!"

秦穆公听完觉得很有道理,于是高兴地向他请教富国强兵的谋略。百里奚长期遇不到明主,满腹才华无人倾听,这下可好,他便和秦穆公滔滔不绝地说了起来,古今内外,侃侃而谈,听得秦穆公心潮澎湃,激动不已。他感叹道:"真是天助我也!我能得先生相助,就如同周文王得到姜太公啊!"他马上任命百里奚为秦国大夫。百里奚接着说:"我还想把我的朋友蹇(jiǎn)叔推荐给您,他的才能远胜于我。当初他早就看出虞国要亡,但我没听他劝告,所以才沦为奴隶。秦国要想富强,这个人必不可少。"

秦穆公听完又急忙派人去请蹇叔出山。蹇叔本不想再做官,但架不住秦国使者再三邀请,索性就跟他去了秦国。这下,秦穆公如虎添翼,任用蹇叔和百里奚为左右相,积极改革内政,发展生产,使秦国逐渐强大起来,初步有了称霸的气象。因为百里奚是秦国用五张羊皮换回来的,当时的人都称他为"五羊皮大夫"。

闯关小测试

1. 齐桓公的名字是（ ）

A. 公子纠　　B. 公子无知　　C. 姜小白

2. 长勺之战是哪两个国家之间的战争?（ ）

A. 齐楚　　B. 晋楚　　C. 齐鲁

3. "唇亡齿寒"说的是哪两个国家的紧密关系?（ ）

A. 虞与虢　　B. 晋与虞　　C. 秦与晋

4. 葵丘会盟是由哪个国君召集的?（ ）

A. 齐桓公　　B. 郑庄公　　C. 晋文公

参考答案:1.C　2.C　3.A　4.A

晋楚争霸

楚国一直坚定地向中原挺进，晋文公在城濮之战中击败楚国，阻止了它的脚步。从此以后，晋楚之间的争霸战，断断续续打了近百年。

邲（bì）城之战，晋国败北，楚庄王终于如愿以偿，饮马黄河。

争霸之战让参战各国疲于攻战，在宋国大夫向戍的召集下，十个国家会盟，开了一次停战会议，此后晋楚大体平均分享了霸权。

细心的人会发现，这次会盟和以前大不相同了，以前会盟都是诸侯王亲自参加，现在来的都是各国有势力的大夫。以前是周天子要听诸侯王的，现在是诸侯王要听大夫的。

流亡十九载

在春秋时期的前半段，北方的晋国和南方的楚国是当时实力最为强大的两个国家，晋楚争霸是当时的主旋律。而晋文公重（chóng）耳正是开创晋国霸业的第一人。

晋献公是重耳的父亲，在献公去世前夕，晋国因为争夺继承权爆发了一场内乱，太子申生被害死，公子重耳、夷吾被迫逃亡在外。狐毛、狐偃、赵衰（cuī）、介子推等都是晋国的能人，他们忠心耿耿地跟随重耳开始了流亡生涯。重耳一行人先是来到翟（dí）国，这是重耳母亲的故国。但翟国和晋国距离太近，还是不够安全。重耳听说齐桓公是个有宏图大志的人，于是决定去东方投奔他。

经过一段时间的跋涉，重耳一行人终于到达了齐国。齐桓公十分热情地接待了他们，不仅安排了住宿饮食，还把本家的一个叫齐姜的美女嫁给重耳。后来，齐桓公因病去世，他的五个儿子为了争夺王位大打出手。重耳的手下都觉得此地不宜久留，于是偷偷商量着要离开齐国。

但重耳过惯了这里安逸的生活，也不想离开自己的夫人齐姜，不太愿意离开齐国。重耳的舅舅狐偃便避开重耳，对大家说："明天大家到城外桑树林里聚一下吧，我们一起商量着想个办法出来。"

第二天，城外桑树林的深处，他们正围坐在一起商讨怎样离开齐国。谁料齐姜的一个使女正在不远处采桑叶，把他们的谈话听得清清楚楚，回去后就一五一十地告诉了齐姜。齐姜害怕走漏风声，就杀掉了那个可怜的使女。重耳回来后，齐姜故意问他："听说，你们打算离开齐国了？"

重耳说："谁在外边胡说！这里这么好，还有你陪着，我哪儿都不想去。"

齐姜劝起了他："这里虽好，但一味贪图享乐只会把你毁了。听说晋国国内局势混乱，刚刚继位的公子夷吾没有治国才能，闹得众叛亲离。公子乘现在回国定能得到大位，日后说不定还能创立一番霸业。"但重耳还是无动于衷。

第二天，齐姜把狐偃等人找来，对他们说："我知道你们正在打算离开齐国，你们对公子忠心耿耿，我很敬佩。我也劝公子离开，可他享乐惯了，怎么都听不进去。看来我们只能来硬的了。今天晚上我请公子喝酒，然后把他灌醉。你们就做好准备，趁着天黑把他拉出城。"狐偃等人听了这番话，不由得对齐姜肃然起敬。

晚上，重耳像往常一样开怀畅饮。齐姜又在一旁不停劝酒，不一会儿他就醉得不省人事了。狐偃等人冲出来七手八脚地把重耳抬上车，然后连夜出了城。一直走了一百多里路，重耳才清醒过来。手下人跟他交代了事情原委，重耳虽然气

得满脸通红，但已经走出这么远了，也只能作罢。

　　一行人流浪到曹国，曹共公是一个无礼的家伙。他听说重耳的肋骨异于常人，是连成一整块的，非要亲眼看看不可。重耳觉得这个人简直莫名其妙，气呼呼地离开了。

　　接着他们又来到宋国，宋襄公十分热情，以国礼接待了重耳。但宋国本来就是小国，而且刚刚在泓水之战惨败而归，宋襄公也受了伤，实在没有能力帮助重耳。

随后，重耳又来到了郑国，郑文公虽然接待了他，但明显不够规格，也不打算帮助他。无奈之下，重耳来到楚国。楚成王隆重地接待了他，两人相谈甚欢。接下来的几个月，重耳一直住在楚国，秦穆公听说了之后就想把重耳邀请到秦国来。

当然，秦穆公也是有目的的，他想支持重耳回国即位，以便将来和晋国建立良好的关系。

楚成王对重耳说："先生呐，这确实是个好机会。楚国虽有心帮您，但和晋国距离太远。秦晋两国交界，秦国国君又很贤明，你去了之后一定会有一番作为的！我准备了一些礼物，就当作你路上的盘缠吧！"

重耳听从了楚成王的建议来到了秦国，受到了秦穆公的优待。此时晋国国内一片混乱，大臣都希望重耳能回去即位，重整局势。时机一到，秦穆公派大军护送重耳回国，重耳终于结束了十九年的流亡生涯。在大臣的支持下，重耳顺利成为晋国国君，他就是历史上的晋文公。

晋文公即位后立刻开始着手整顿内政，发展生产，安定人心，使晋国在短时间内就强盛起来，成为春秋时期的霸主之一。

▲ 青铜敦

 # 介子推拒受禄

介 子推是跟随公子重耳流亡在外的臣子之一。据说，当年重耳逃亡到卫国的时候，一行人饥肠辘辘，都快饿晕过去了。他们找当地一个村民借点粮食，但人家看他们衣着华丽，根本不想借给他们。有个村民给了他一块土嘲笑他们，把重耳气得直跺脚。

为了不让重耳饿死在路上，介子推到山沟里割下腿上的一块肉，又摘了一些野菜，然后煮成汤拿给重耳吃。重耳知道这件事后大受感动，发誓说如果自己有朝一日做了君王，一定要好好报答介子推。

苦日子终于到头了，秦穆公为了建立与晋国的关系，派大军护送重耳回国即位。队伍走到黄河边上时，狐偃对重耳说："公子啊，我追随您流亡十九载，期间犯下很多过错。我知道许多错都不能原谅，请趁现在一切都安定下来的时候让我离开吧！"其实狐偃的言下之意就是在向重耳邀功，表明自己曾经的功劳。

重耳也听出来他话里的意思，赶紧发誓说："重耳不敢，多亏舅舅的全力协助，重耳才有了今天。回国后我一定和舅舅一条心，不然就请河神惩罚我吧！"说完，他把一块玉抛进黄河水里以表明自己的决心。旁边的介子推听到这些话后，

对狐偃嗤之以鼻。他觉得公子重耳能有今天，全是苍天保佑。狐偃却把这些都当成自己的功劳，真是厚颜无耻。他实在不愿和这种人一起做官，于是在渡过黄河后悄悄离开部队回家去了。

晋文公即位后奖赏功臣，那些跟他一起流亡的人都受封了土地和爵位。但因为介子推住在乡下，也没有主动请求封赏，什么都没轮到他。

介子推的母亲对他说："你还是去跟公子求一点奖赏吧，不然会抱憾终生啊！"

介子推却说："献公有九个儿子，如今只有公子重耳还在世，他当上君主是必然的事情。那些臣子竟然把这当成他们的功劳，这不是欺骗君主吗？我明知此事是错还是去做，那就是罪加一等了。母亲您别劝了，我说过绝不求奖赏。"

他的母亲又说："那把你的情况告知君主总可以吧？"

介子推说："不必，我已决定去隐居山林了。"

就这样，介子推和他的母亲便隐居去了，至死都没有再露面。

民间还有另外一个说法，相传晋文公听说介子推在绵山（今山西省介休市东南）隐居，于是派人去请他出山。可介子推油盐不进，怎么也不肯出来，晋文公就下令烧山想把他逼出来。可介子推就是下定了决心坚决不出山，最后竟和母亲一起被活活烧死。

晋文公听说后十分悲痛，但后悔已经晚了。为了纪念介子推，他下令全国在这一天都不准用火，只准吃冷食，这就是寒食节的由来。后来寒食节逐渐演变成现在的清明节。

退避三舍

公子重耳在外流亡的时候曾投奔到楚国，楚国国君楚成王对重耳十分友好，不仅以国君之礼接待他，还为他安排了舒适的居所。

在一次宴会上，楚成王问重耳："公子，如果将来您回到晋国做了国君，打算怎样报答我今日的恩情呢？"

重耳思考了一下，回答说："贵国地大物博，物产丰富，珍宝肯定不会入您的眼。假如我能当上晋国国君，愿同贵国永结百年之好。万一两国真的交战，我愿意退避三舍，以此作为对您的报答。"

楚国大将子玉听说后觉得重耳这个人很不简单，日后可能会成为楚国的心腹大患，建议楚成王把他杀掉以绝后患。但楚成王没有那么做。

　　后来，重耳得到秦穆公的帮助，回到阔别已久的晋国当上了国君，他就是晋文公。在接下来的几年时间里，晋文公励精图治，发展生产，使晋国逐渐富强起来，成为当时的强国。

而那时的楚国正在大力扩张领土，经常侵犯别的小国。公元前633年，宋国与晋国交好。楚国以宋国投靠晋国为借口，纠集陈、蔡、郑、许等国的军队出兵讨伐宋国。宋成公一看楚国来势汹汹，赶紧派人向晋国求援。

晋文公收到求救后召集群臣商议对策，大将军先轸（zhěn）说："现在能和晋国抗衡的只有楚国，主公想要实现宏图霸业，就必须要打败楚国。"

狐偃说："不久前楚国刚把曹国收为小弟，又和卫国结了儿女亲家，三国关系要好。而主公以前逃难时在曹卫两国受过侮辱，要是我们出兵讨伐曹和卫，楚国一定会派兵来救援。这样一来，我们既报了旧仇出了恶气，又解了宋国的围，岂不是一石二鸟吗？"

晋文公采纳了狐偃的建议，决定派兵攻打曹、卫。公元前632年，晋文公率军接连攻下了曹国和卫国。楚成王听说晋国连下两国，担心围攻宋国的大将子玉有什么闪失，就派人通知他班师回国，还对他说："重耳在外头奔波了十九年，凡事很有经验。我们与他交战未必能占上风。你不必和他正面刚，早点回来吧。"

但子玉咽不下这口气，他派人向楚成王奏道："我早晚能把宋国攻下来，请主公再给我几天时间，待我取胜之后再来见您。倘若碰到晋军，我愿与其决一死战。如果战败了，我甘愿接受军法处置。"

晋文公也不是吃素的，他施展了自己的谋略，一面派人去联络秦国和齐国，请他们帮助中原诸侯

知识链接

功劳很大的狐偃

作为重耳的舅舅，狐偃虽然已经年过花甲，仍然伴随重耳逃亡，尽心尽力，克服万难，千方百计地联络其他国家，最终使重耳重返晋国，当上国君，建立了霸主之业。

除了政治上胆略过人，狐偃在军事上也很有建树。城濮之战中，狐偃的计谋保证了晋国的胜利。这场胜仗改变了当时的天下格局，晋国从此确立了霸主地位。无论政治上还是军事上，狐偃都功不可没。

共同抵御"楚蛮";一面迫使曹、卫两国与楚国绝交。无奈之下,曹、卫两国国君给楚国将领子玉写了一封绝交信。子玉本来还打算为这两国向晋国求求情,没想到收到他们的绝交信,给他气得龇牙咧嘴,他痛骂道:"这重耳老贼!真是气杀我也!给我撤军,找他算账去。"

说完,他下令撤了对宋国的包围,气势汹汹地向晋军扑来。

晋楚两军相遇后,晋军中军大将先轸主张立即开战。狐偃阻拦说:"当初主公在楚成王面前立下誓言,如果两国交战,晋军将退避三舍以报答楚王的恩情。主公要称霸中原,不能失信于天下啊!"

众将士纷纷反对:"这怎么可以!晋国国君怎么能在楚国臣子面前撤退呢?"

狐偃说:"将士们,咱不能忘记当初楚王对主公的恩情。退避三舍是向楚王报恩,不是向子玉示弱。出兵征讨,理直才能气壮,打起仗来才会士气高昂。理亏就会士气不振,这怎么能打胜仗呢?"将士们听了觉得有理,就没有再反对。晋文公下令后撤九十里,也就是三舍之远,在城濮(今山东鄄城西)一带安营扎寨,兑现了自己当年的诺言。秦、齐、宋三国的兵马也先后来到这里会合。子玉看到晋军后撤,以为是他们害怕楚军,于是下令紧追

古代的军营有严格的管理制度，士兵不能随意进出军营，不能单独行动，要参加高强度的体质训练，时刻保持警惕

不舍。两军在城濮交上手，先轸佯装败退，子玉向来轻视晋军，这次更是不顾一切地追了上去。

先轸事先在附近设下埋伏，接着领兵把楚军引诱到这里。等楚军进入包围圈后，伏兵直接切断了他们的后路。先轸回兵攻打，前后夹击，杀得楚军七零八落。但先轸并没有赶尽杀绝，因为晋文公叮嘱过他把楚国人赶跑即可，不得滥杀，否则就辜负了之前楚王的情义，更重要的是要留有余地，不能和楚国撕破脸皮。楚国战败后，子玉羞愧难当，自杀谢罪。

城濮之战后，周天子派使臣前去慰劳诸国军队。晋文公借着招待使臣的由头在践土（今河南荥泽）大会诸侯，与十多位诸侯签订盟约，成为春秋时期的第二位霸主。

军队得胜归来后，君王常用酒食或财物进行慰劳，这就是犒劳

崤山大战

公元前 628 年，年迈的晋文公去世了。野心勃勃的秦穆公想趁晋国内务繁忙无暇他顾的机会出兵灭掉郑国，以扩大自己的地盘。

大臣蹇叔和百里奚却不同意这么做，蹇叔说："郑国离秦国太远，咱们出动军队劳师远征，他郑国又不是瞎子，能不知道吗？到时候郑国做好准备，以逸待劳，咱们只有吃亏的份儿啊！"

但秦穆公听不进去，还是派孟明视、西乞术、白乙丙率军出发了。

西乞术、白乙丙二人都是蹇叔的儿子，临行前，蹇叔在城门外哭着对他们说："今日一去，不知道还能不能看到你们完好无损地归来了。"秦穆公知道后气得直跺脚。

情报传到晋国后，晋军上下都很气愤。他们本来就对郑国觊觎已久，现在秦国竟然敢趁着晋国国丧的时候攻打郑国，实在是太过分！于是，晋国准备出兵在秦军回国的必经之地崤（xiáo）山埋伏，等秦军打完仗回国的时候搞偷袭。

再来说回秦国这里，秦军本打算悄咪咪地灭了郑国，但谁知道走到半路被贩牛的商人弦高碰到了。弦高是郑国人，他一看就知道秦军正打算去郑国搞事，但郑国此时还啥都不知道呢。

◆ 知识链接

弦高拒绝接受封赏

弦高用自己的智慧吓跑了秦军，使郑国躲过了灭亡的命运，可以说是大功一件。

当郑国国君对弦高进行封赏时，他却婉言谢绝说："作为郑国人，为自己的国家效力是理所当然的，如果受奖，岂不是把我当作外人了吗？"

▲ 彩绘陶壶

情急之下，他想到一个妙计。弦高一面派人去郑国报信，让郑国早做准备，一面赶着牛群向秦军走去。

他不卑不亢地对秦将孟明视说："将军，我是郑国使臣，听闻将军带兵经过敝国，我特奉郑君的命令献上薄礼，慰劳大军。"

孟明视心想，既然偷袭郑国的作战意图已经暴露，郑国肯定早有了准备，再去攻打也就没必要了。等弦高走后，孟明视与其他部将商量了一下，决定顺手把附近一个叫滑的小国灭掉，也算没有白跑一趟，不然回去还不好交差。灭掉滑国以后，秦军抢掠了大量财物打道回府。

晋国对秦军的动向了如指掌，中军大将先轸说："此乃天赐良机，咱们必须铆足了劲儿给秦军个教训。"

将军栾枝却说："打太狠也不太好吧？秦国以前对咱们先君有恩，如今先君刚去世，咱们也不好翻脸不认人吧！"

先轸反驳道："国君去世秦国不来吊丧，却偷偷计划进攻我们的同姓国郑国，简直无礼无耻，这样的国家还报什么恩？"说完，先轸率军在崤山设下埋伏。

等秦军归来的时候，晋军伏兵齐出，一时间万箭齐发，杀声震天。

秦军完全没想到晋军会在这里设伏，仓皇应对，伤亡惨重。最终，秦军大败，三个统帅也都被晋国俘虏。

● 知识链接

秦晋之好

秦国、晋国多次通婚，后来人们用"秦晋之好"来形容两家联姻。

▲ 回纹长颈壶

秦穆公的女儿文嬴嫁到了晋国，是晋文公的夫人。晋文公的儿子晋襄公刚刚即位，对文嬴十分尊重。文嬴想请求他把秦军三个统帅放回去，劝道："这三个人吃了败仗，破坏了秦晋之间的和平，秦穆公自然会惩处他们，何劳您费心呢？"晋襄公耳朵根子软，他看老夫人都发话了，就放他们回去了。

先轸朝见襄公的时候，问起秦国的囚徒。襄公说："我已经放他们回去了，老夫人来说情，我不好拒绝。"

先轸听完无比愤怒地说："主君您糊涂啊，这三个人可是将士们不顾性命危险从战场上抓来的，对我们晋国大有用处。您竟然听了妇人说的几句话就轻易把他们放走，看来是天亡我晋国啊！"说着当着襄公的面吐了口唾沫。

晋襄公也幡然悔悟，马上派人去追。但为时已晚，孟明视等人已经坐上船驶离黄河岸边了。追的人冲他们喊道："将军们请等一等，能不能先把船驶回来。我们国君送了几匹好马给你们，请务必收下啊！"

孟明视知道晋襄公后悔了想把他们再捉回去，他假装客气地说："替我谢谢贵国国君，礼物我们就不收啦。假如我们回国没有被处死，三年后一定报答晋国的恩情。"

孟明视回到秦国后，见秦穆公正穿着一身素衣站在郊外焦急等候。看到被捕的将士归来后，秦穆公愧疚难当地说："都怪我当初没听蹇叔的劝告，让你们受苦了，我一定好好弥补你们！"

一鸣惊人

在城濮之战中，楚国惨败，楚成王北进中原、称霸诸侯的计划被打断。过了几年，楚成王去世。此后楚国一直被晋国压制，没有再向北扩张。公元前613年，楚庄王熊侣即位，此时的他还是个不满20岁的毛头小子。楚国国内局势并不乐观，外有部族作乱，内有权臣当道，根本不把这个刚即位的国君放在眼里。楚庄王也不着急，在即位的三年来，他沉迷于喝酒狩猎，不问政事。还派人在宫门口挂了一块牌子，上面写着醒目的几个大字：劝谏者立即杀头！大臣们都怕被杀头，不敢进去劝谏。

有一天，大夫伍举实在看不下去了，他想点醒楚庄王，但又不好明着劝他，便说想请他猜个谜语。楚庄王颇感兴趣，一边喝酒一边说："说来听听。"伍举接着说："楚国都城有一只大鸟，长着五彩缤纷的羽毛煞是好看。但它整整三年既不飞也不叫，您知道这究竟是什么鸟吗？"

楚庄王一听就猜到了伍举话里的意思，他笑着说："我知道！这只鸟不是普通的鸟，它三年不飞，一飞冲天；三年不鸣，一鸣惊人。现在只是时候未到，你少安毋躁！"伍举明白了楚庄王的意图，于是高兴地回去了。

又过了几个月，楚庄王还是照样吃喝玩乐。大夫苏从觉得不能再这样下去了，于是冒死跑去进谏，

楚庄王问他："难道你不怕死吗？"

苏从回答说："只要能使国君醒悟，保住楚国基业，我这条性命何足惜。"

楚庄王听了非但没有生气，反而站起来激动地对苏从说："你正是我一直寻找的国家栋梁啊！"原来，这三年来，楚庄王假装不理政事，但其实一切都在他掌握中。他趁机摸清了国家的底细和内外的局势，辨明了大臣的忠奸，现在，是时候出手了！

第二天，楚庄王在朝堂上召集文武百官，然后宣布了一些重大决定。他罢黜

了奸佞之臣，提拔了那些忠心为国的贤臣。此后楚庄王像变了一个人一样，他励精图治，对待政事十分勤勉。经过几年的苦心经营，楚国终于又强盛起来。

随后，楚国灭掉了附近的庸国，又几次攻打中原的郑国、宋国。甚至还跑到东周国都洛邑郊外陈兵示威。周天子吓得腿都软了，赶忙派大臣王孙满去慰劳楚庄王。东周有九鼎，相传是大禹时代所铸的青铜重器，象征着王权和权威。楚庄王故意问王孙满："听说天子有九鼎，是传国之宝。那这九鼎究竟有多大多重呢？"

王孙满明白楚庄王是故意挑衅，于是正了正衣襟，不卑不亢地说："治理国家靠德不靠鼎！夏桀昏庸，九鼎至商；商纣残暴，九鼎至周，这是天命所归。虽说现在王室衰弱，但天命未改，九鼎之轻重岂是可以随便问的？"

听了这番话，楚庄王暗暗佩服，这周朝的使臣都如此有礼有节，见解独到，看来周王室还是大有人在，不是随便能够替代的，便撤兵回国了。虽说楚庄王不再觊觎周王室的"九鼎"，但他一直有北上争霸的野心。楚国北上，首先就要解决郑国这个拦路石。晋国也深知郑国的重要性，晋楚两国围绕郑国展开激烈的争夺，而弱小的郑国夹在两个强国之间左右为难，摇摆不定。

公元前597年，楚国攻郑，晋国出兵援救，两军在邲（bì）城（今河南省郑州北）一带相遇。晋军内部将领意见不一，指挥无力，而楚军上下一心，众志成城。楚军利用晋军的弱点适时出击，奋勇杀敌。

知识链接

楚庄王葬马

楚庄王有一匹非常喜欢的骏马，楚庄王给它吃最好的饲料，让它住最好的马厩，享受非同寻常的待遇。但是没想到这匹马突然死了，楚庄王很悲伤，决定以葬大夫用的礼节葬这匹马，并对手下的大臣说谁敢反对这件事，就杀了谁。

手下的大臣非常反对，但都不敢和楚庄王说。有一天，一个叫优孟的人跑进大殿，哭着对楚庄王说："国君最宠爱的马死了，楚国地大物博，无所不有，怎么能以区区大夫的礼节埋葬呢？太吝啬了！太寒酸了！"楚庄王很高兴，问："你说该以什么礼节埋葬呢？"优孟说："应以君王之礼埋葬，才能显示出马的高贵。"

楚庄王听后，明白优孟的意思了，便收回了以大夫之礼葬马的命令。

晋军抵挡不住，四散溃逃，伤亡惨重，尸横遍野。此役洗刷了楚国在城濮之战中的耻辱，楚庄王也一举建立了霸业。楚国得胜后全军将士欣喜若狂，有人对楚庄王说："今日这一仗实在漂亮，中原诸侯肯定都会为之震撼。大王何不把晋军的尸体堆起来，再在上面筑起一座高台，以此彰显楚国的武功，扬我国威？"

庄王对他说："这不妥啊！"他拔出剑在地上写了个"武"字，接着说："这个'武'字由'止'和'戈'二字合成，我动用武力并不是为了显示国力，而是为了止戈息战，安抚百姓。假如我堆尸筑台，岂不是违背了我的初衷，这肯定会大失人心啊！"于是，楚庄王便率军回国了。

三年不鸣的楚庄王最终一鸣惊人，饮马黄河，问鼎中原，成为春秋一霸。

弭兵会议

通过邲之战，楚庄王饮马黄河，雄视北方，不可一世，成为新秀霸主。而晋国作为老牌霸主，自然也不会甘心没落。两国互相较劲，交战频繁，都想把对方搞死。其他小国也跟着遭殃，疲于应战，各国都有些厌倦了连绵不绝的战争。宋国有个大夫叫向戌，他和晋国大夫赵武、楚国大夫屈建都有些交情。公元前546年，向戌给他们传信说："要不你们别打了吧，我们这些小国夹在你们中间左右为难，大家都不想再打仗了！这次我就做一次和事佬，把大家约在一块儿签个停战协议怎么样？"

会盟是古代诸侯间会面和结盟的仪式

晋楚天天打来打去，其实也有点累了。但碍于霸主的名头，谁也不想先停手认输。这次有人愿意出来做和事佬，他们自然也都同意召开弭（mǐ）兵会议。这年七月，弭兵会议在宋国都城商丘隆重召开，一共有十个国家派代表参加了这次会议，主要有晋国大夫赵武、楚国大夫屈建、宋国大夫向戌、鲁国大夫叔孙豹等。以前不都是诸侯王来会盟吗？现在怎么都成各国的大夫了？其实这从侧面说明了大夫的权势越来越大，各国国君正在被慢慢架空。

会议分成了以晋、楚为首的两个阵营，晋方包括鲁、卫、郑、曹等国，楚方包括蔡、陈、许等国。齐、秦都是地位和晋楚相当的大国，不属于任何阵营，没有参加这次会议。会议商定，日后晋楚两国都是霸主，楚国的附属国也要向晋国朝贡，晋国的附属国同样要向楚国朝贡，要和平，不要战争。这就相当于牺牲了小国的利益，满足了晋楚的野心，维持了暂时的和平。

条约谈好了，接着就是歃（shà）血订盟了。楚国大夫屈建找到向戌说："虽说现在有两个盟主，但也得有个先后吧？我不管，歃血时楚国得在前头。"

向戌无奈，就去找晋国的赵武谈，赵武说："我们先君文公是最早期的盟主，他楚国算个什么东西，怎么能排在我们前头？"

向戌又把话带给屈建，屈建不服气地说："嘴上说晋楚是平等的霸主，如果晋国总是在前面，这不还是我们楚国排第二吗？不管，这次说啥楚国都要在晋国前头！"其实屈建早有准备，他们在来参

▲ 赵武

赵武执掌国政时，是春秋诸侯间最和睦的一段时期。

赵武认为国家之治在于人才，要让国家实现强盛，就必须提拔、重用人才。

楚国的地盘有多大？

楚人的先祖鬻（yù）熊因为辅佐周文王灭商立下大功，周成王便封鬻熊的曾孙熊绎为子爵，管辖仅50里，建国于丹阳。

经过数代人的努力，楚国渐渐强大起来。楚国全盛时的势力范围大致包括湖北、湖南全部，重庆、河南、安徽、江苏、江西、山东、上海、浙江的部分地方。

会前就在衣服里边都穿了铠甲，并且暗藏兵器，文的要是不行就来武的，实在不行就干掉赵武，独任这次会盟的霸主。赵武察觉到有点不对劲，只好在会上妥协，由楚国主盟。

会盟约定，如果谁破坏了盟约，各国就可以共同出兵讨伐该国。此后，晋楚两国平分了霸权，不再交战，楚国转而集中力量对付东南的吴国，晋国则专心进行内部权力的争夺。在此后的十几年时间里，诸侯国间的战争大大减少了，可各国内部不同权力集团之间争权夺势的斗争却迅速尖锐起来。在会盟之前，各诸侯国间的矛盾是主要矛盾，大夫兼并是次要的。会盟以后大夫之间的权力争夺成为主要矛盾。随着社会的发展，各诸侯国都在酝酿着巨大的变化。

赵盾逃亡

▲ 春秋时期双耳铜鼎

赵氏出自嬴姓，先祖曾为周穆王驾车，因功被封在赵城，因此他的后代被称为赵氏。进入东周以后，赵氏在晋国只是一个小角色。后来赵衰追随公子重耳出生入死，得到重耳的信任。重耳当上国君后，赵氏也就跟着显赫起来。年幼的晋灵公夷皋（háo）即位后，赵衰的儿子赵盾成为晋国正卿，负责辅佐国君，权倾朝野。

晋灵公可不是什么乖孩子，他从小锦衣玉食，顽劣成性，心狠手辣，做了很多坏事。比如，他喜欢从高台上用弹弓射行人，看着人们左避右闪的样子哈哈大笑。还有一次，厨师炖的熊掌不够烂，晋灵公一怒之下就把厨师杀了，然后把尸体放在筐里，让宫女们用头顶着经过朝堂。赵盾知道这件事后就严厉批评了晋灵公，处在青春期的灵公便对赵盾怀恨在心，并派出杀手鉏麑（chú ní）去暗杀他。

鉏麑夜里偷偷去了赵盾家，准备趁机下手。天还没有放亮，鉏麑就看见赵盾已经穿戴好礼服准备上朝了。因为时间还早，赵盾便坐在椅子上打盹儿。鉏麑退了出来，内心十分复杂，他想：赵盾如此勤勉恭敬，实在是国家的栋梁之材，杀了国家栋梁为不忠，背弃国君命令就是失信，我太难啦！干脆去死吧！于是，鉏麑一头撞在槐树上自杀了。

晋灵公见刺杀没有得逞，于是又生一计。这年九月，晋灵公借口请赵盾喝酒，然后在周围埋伏下武士，准备除掉赵盾。晋灵公先是放出一条猛犬来咬赵盾，被赵盾的随从提弥明打死。接着，晋灵公又命令埋伏的武士动手。眼看赵盾就要命丧于此，一个名叫灵辄（zhé）的武士突然倒戈，转过身来攻打其他武士，并与赵盾的随从一起掩护赵盾逃走。

等到脱险后，赵盾问他："你为何舍命救我？"灵辄说："先生还记得吗？当年您在一棵桑树底下救下了快要饿死的我，您听说我家中还有一位老母，还给我了几块肉让我带回家孝敬母亲。您的这份恩情我永生难忘啊！"赵盾因为自己曾经的善行留下了一条命。为了躲避追杀，赵盾便外出逃命去了。

还没等赵盾逃出国境，便传来了晋灵公被赵盾的堂弟赵穿杀掉的消息。于是，赵盾回到了都城，迎立黑臀为君，是为晋成公。晋国太史董狐在史书中记载道："赵盾弑其君夷皋。"赵盾感到很冤枉，说道："你记错了吧？我没有杀国君啊！"董狐说："您身为晋国正卿，逃亡却不出国境，回来后又不讨伐叛贼，不是你杀的那是谁杀的？"赵盾听完无言以对，因此便有了赵盾弑君的说法。

◆ **知识链接**

"夏日可畏"的赵盾

有人问狐射姑："赵衰、赵盾谁更贤明？"狐射姑回答说："赵衰，冬日之日也；赵盾，夏日之日也。"

赵衰赵盾父子二人都是晋国的功臣。狐射姑的意思是把赵衰比作冬天的太阳，令人喜爱；而把赵盾比作夏天的太阳，令人敬畏。这里说的畏是敬畏的意思，畏字原本无贬义，后来才用来形容待人严厉、狠毒。

▲ 春秋青铜盖豆

程婴救孤

赵盾死后，他的儿子赵朔继承了他的爵位。此时晋景公即位，大夫屠岸贾（gǔ）得势，官居司寇，掌管刑狱。屠岸贾很妒忌赵家的权势，他也知道有这样想法的人不止他一个，于是，他想拉拢其他家族，把赵家彻底消灭。

屠岸贾翻历史旧账，要追究赵家当年杀灵公的事，这可是"弑君之罪"，非同小可，在那时是要灭族的。他把这个想法告诉朝中大臣，以求争取他们的支持。

屠岸贾说："当年杀灵公，赵盾就算不知道，但他仍然应负首要责任。他的罪是很大的。然而他死了，他的子孙却仍然在朝中担任要职，那以后又怎么惩处犯罪的人呢？请你们同意我的意见，按照法规处置他们。"

大夫韩厥比较正直，反驳道："灵公被杀，赵盾当时不在都城，已逃亡在外。成公继位以后，也没有追究这件事。现在他死了，你却要杀他的子孙，你这是要破坏国家的安定！再说，这么大的事，你请示景公了吗？"

屠岸贾根本不听韩厥的意见。韩厥见情况紧急，立即去告诉赵朔，要他赶快逃跑。赵朔不愿意走，他说："你一定不会让我赵氏一门被斩尽杀绝，只要能留下一条根，我死也没有什么怨恨了。"

韩厥见赵朔执意不走，也没有办法，就答应了他的要求，以后他就假称有病，既不上朝，也不出门了。

屠岸贾假造晋景公的命令，以司寇的身份，带人攻打赵家，结果给赵家来了个满门抄斩。

赵朔的妻子是先君晋成公的女儿，当时怀有身孕，事情发生的时候，她急忙逃往景公宫中躲了起来。

赵朔有个门客，叫公孙杵臼（chǔ jiù），他对赵朔的一位亲密朋友程婴说："赵朔一家都被杀光了，你为什么还忍心活着，不为了义气去和他们一同赴死呢？"

程婴说："赵朔的夫人怀有身孕，假若有幸生一男孩，我要好好地抚养他，以保赵家香火不绝。

◆ 知识链接 ◆

韩厥公正执法

赵盾非常欣赏韩厥，任命他为三军司马，掌管军中的法令。

有一次，赵盾的亲信驾驶着赵盾的战车在军中肆意驰骋，严重扰乱了军中的秩序。韩厥知道后，立刻令人将那个亲信抓起来，依照军中法令把他杀了。

军中议论纷纷，都说："韩厥这下完了，赵盾刚提拔他，他就把赵盾的亲信杀了，赵盾肯定会杀了他的。"

没想到，赵盾知道这件事后，不仅没有责怪韩厥，反而对韩厥的执法公正大加赞赏，说刚才是他故意让亲信扰乱军队秩序，就是要试探韩厥执法是否公正。

假若生一女孩，那时我再死不迟。"没过多久，赵朔的妻子分娩，生一男孩。

程婴知道屠岸贾是绝不会罢休的，便找公孙杵臼商量对策。公孙杵臼说："抚养赵氏遗孤，并帮助他恢复家业，与死相比，哪一样更难一些？"

程婴说："死，当然容易。"

公孙杵臼说："赵朔对你恩重如山，你就勉强选择这项难的任务吧！我选择容易做到的，请让我先死。"

于是，两人商量，设法找到了一个同样大小的婴儿，将他包上漂亮的小被子背在背上，一起躲到郊外山中，真正的赵氏遗孤却藏在了别的地方。

入山不久，程婴便从山中出来，对屠岸贾信任的那些将军说："我没有能力，不能抚养赵氏孤儿，更不能帮助他以后恢复家业，哪一个能给我千两金子，我愿意告诉他赵氏孤儿藏身的地方。"

那些人听了，很是高兴，真是踏破铁鞋无觅处，得来全不费功夫，马上答应了他的要求，要他带路，出动军队进山搜捕。

杵臼见程婴告密，带人进山，故意大骂："程婴，你真是个无耻的小人！赵家遭难的时候，你和我没有尽忠而死，就是为了保全赵氏这一条血脉，现在你却出卖我。我们即使不能抚养这个小孩成人，无论如何也不能忍心出卖他呀！"

杵臼抱着那婴儿大声号哭："天呀！天呀！赵氏这个孤儿有什么罪过啊！我请求你们不要杀他，只杀我好了！"

　　那些人不为所动，还是把杵臼和那婴儿一起杀了。屠岸贾和他那班亲信以为赵氏孤儿确实已死，斩草已除根，没有后患了，得意极了。

　　然而，赵氏真正的孤儿——赵武却因此而保全了下来，程婴抱着他隐匿到山

程婴

公孙杵臼

中去了。

十五年之后，大夫韩厥才把真相告诉了景公。景公感慨不已，命程婴、赵武一道去讨伐屠岸贾，将他灭族，为赵家申了冤。景公把原来赵家的爵位和田邑赐还给了赵武。

等到赵武二十岁，已长大成人，程婴对赵武说："当年赵家遭遇那次祸患时，很多人都为尽忠死了。我不是贪生怕死，我是想保全赵氏的后裔，现在你已继承了祖业，长大成人，恢复了原来的爵位，我的任务也完成了，我要到地下去告诉先主赵盾和我的朋友公孙杵臼了。"

于是，程婴自杀了。

知识链接

不绝人祀

不绝人祀的意思就是不要断绝人家的香火，让那些即使国破家亡的人也可以有血脉延续下去。这种观念在春秋战国之前非常盛行。

例如，周灭商后，周武王并没有杀了纣王的儿子，而是继续把他封在殷，商朝王室可以继续供奉祖先。不绝人祀与网开一面在一定程度上有相同的含义，表示我们祖先包容的一面，这也是中华民族生生不息的原因之一。

闯关小测试

➡ 1. 齐桓公与晋文公有没有见过面呢？（　　）

　　A. 见过　　B. 没见过

➡ 2. 成语"退避三舍"源于哪次战争？（　　）

　　A. 长勺之战　　B. 城濮之战　　C. 鄢陵之战

➡ 3. "问鼎"这个典故出自哪个国君？（　　）

　　A. 楚庄王　　B. 秦穆公　　C. 晋文公

参考答案：1.A　2.B　3.A

吴越争雄

到了春秋末期，晋楚这样的老牌强国显得锐气不足，吴越这样的小国却迅速崛起。没办法，人家请来了外援，比如伍子胥、孙武等人才。

先是吴国向楚国挑战，一度占领了楚国的都城，楚王吓得狼狈而逃。"复仇哥"伍子胥终于报了杀父之仇。

接着吴越两国燃起战火，互有胜负，都表现出称霸中原的野心。其他大国各有各的难处，不得不接纳他们加入大国俱乐部。

"烈丈夫"伍子胥

伍氏是楚国贵族，在朝中世代为官。楚平王时期，伍子胥的父亲伍奢担任着楚国太子太傅一职，负责教导太子建。后来，太子建被奸佞之臣费无极栽赃诬陷，太子建逃到宋国，伍奢作为老师受到牵连被抓了起来。为了斩草除根，费无极对楚平王说："伍奢有两个儿子都很有才干，如果不杀掉他们的话将后患无穷。"于是楚平王要求伍奢写信把他的

● 知识链接

吴国

春秋时期的吴国位于长江下游，相传是周文王的兄长太伯和仲雍所建。寿梦在位时，国势强大，并与中原诸侯通使。公元前584年，晋景公派巫臣去吴国，指导吴军使用战车作战，至此吴国开始强盛。

两个儿子叫回来，否则就性命难保。伍奢无奈之下写了信，但他知道，伍尚为人仁厚，他收到信一定会来，但性格刚烈的伍子胥肯定不会来。

伍尚和伍子胥收到信后心急如焚，伍子胥说："这一定是他们逼父亲写的信。如果我们不去，他们心有顾忌，父亲就不至于死，但如果我们去了，咱们三个谁都逃不出毒手。"

伍尚焦急地说："可我们不去，父亲真的被害怎么办？即便是真的要死，能见父亲一面也值了。"

伍子胥说："如果父亲被害，那我们就该想办法替父报仇。如果哥哥一定要去，那我们就此别过了。"说完他便连夜逃走了。

不出伍子胥所料，伍尚一到郢（yǐng）都就被抓了起来，然后和伍奢一起被处死了。接着，楚平王又通告全国，悬赏捉拿伍子胥。伍子胥得知父兄被害的消息后悲痛万分，他立誓一定要报此大仇。

在逃跑的路上，伍子胥遇到老朋友申包胥。他把自己最近的悲惨经历一五一十地告诉了申包胥。申包胥十分同情他，问他将来有什么打算。伍子胥回答道："杀父之仇，不共戴天。我一定要生嚼楚王肉，刀劈费无极，灭掉楚国！"

▲ 青铜盖鼎

申包胥说："站在朋友的立场上，我断然不泄漏你的去向。但楚国是我们的母国，如果你灭掉了它，我一定要设法复兴楚国！"说完两人便告别了。

伍子胥先去宋国找到了太子建，但正赶上宋国内乱，楚国派兵干涉，他们只好逃往郑国。郑定公热情接待了他们，为他们提供庇身之所。但太子建恩将仇报，他瞒着伍子胥与晋国暗中勾结，想要篡夺郑国大权，然后再率军打回楚国。郑定公发觉了他的阴谋后就杀了太子建，伍子胥在郑国待不下去了，又带着太子建的儿子公子胜逃往吴国。一路上他们提心吊胆，身后既有郑国人的追兵，也有楚国人的人马。为了安全，他们只敢夜里赶路，白天就躲在深山里。一直走了十几天，他们终于来到楚国边境的昭关，只要过了这个关口，就是吴国的地盘了。

伍子胥偷偷来到关前查看，发现楚平王在这里增派了很多兵马，关口处还挂着自己的画像，过关的人都要和画像比对一下才能通过。他们在昭关附近停了好几天，但一直无计可施。一天，关口处突然涌来了很多人，到处都是乱哄哄的，守关的士兵检查不过来，为了维持秩序，只好简单查看后就放行。伍子胥急忙化了装，然后带着公子胜混在人群当中乘机蒙混过关，最终到达了吴国。

后来，伍子胥得到吴国的重用，他协助吴王阖闾（hé lǘ）治理国家，改革内政，发展生产，使吴国迅速强大起来。

公元前 506 年，吴王阖闾伐楚，任命伍子胥和孙武为大将。楚国被打得落花

流水，都城都没保住。此时楚平王已经去世，他的儿子楚昭王也逃命去了。

伍子胥为了报当年的仇，就下令找到楚平王的坟墓，将楚平王的尸体拖出来，用鞭子抽了三百鞭才罢休。

勾践卧薪尝胆

春秋末年，吴越两国登上历史舞台，开始了长期争霸。在吴国打入楚国腹地，即将攻下楚国的时候，越国趁机偷袭吴国国都。志得意满的阖闾只好从楚国撤兵去保卫国都。从此之后，阖闾就对越国恨之入骨。

公元前496年，阖闾讨伐越国，越王勾践迎战。勾践知道越国实力不如吴国，想取胜就需要靠计谋。于是，他组织了一支敢死队，让他们冲到吴军阵前着了魔一样大喊大叫，然后一起拔剑自杀。吴军从没见过这样的操作，被吓得心惊胆战，目瞪口呆，一时间军心大乱。越军乘机发动进攻，吴军死伤惨重，阖闾也中箭受伤。阖闾伤重不愈，临死前他嘱咐儿子夫差（chāi）一定要替他报仇，灭掉越国。

为了替父报仇，吴王夫差即位后保存实力，发展生产，增强军事力量，使吴国很快缓了过来。公元前494年的一场战役，越军一败涂地，越王勾践带着五千残兵败将退守会（kuài）稽山，被吴军团团包围。为了不至于灭国，越王勾践派大夫文种到吴国求和。

　　文种见到吴王后就谦卑地跪在地上说："我们的主上勾践派我来禀告您，只要您高抬贵手，他和他的妻子甘愿来吴国为奴为婢侍奉您。"吴王觉得大仇已报，而且也想以这种方式折磨勾践，便不顾臣下反对撤了兵，勾践夫妇也遵守承诺来到吴国来当人质。他们吃糠咽菜，为吴王当牛做马，忍受着奇耻大辱。整整三年后，吴王才放勾践回越国。

　　回到越国后，勾践下决心报仇雪恨。他害怕自己贪图眼前的安逸，便睡在稻草堆上，还在房梁上挂一只苦胆，每次吃饭的时候都要先尝尝它，

知识链接

"兵圣"孙武

　　孙武是我国春秋时期著名的军事家、政治家，被尊称为兵圣或孙子（孙武子）。他所著的《孙子兵法》十三篇，被翻译成多种语言，至今仍是国内外军事院校必读的重要军事理论著作。

越王勾践的剑被挖掘出土，被称为"天下第一剑"。中国很早就有使用剑的历史，剑被后人称之"百兵之祖"，当之无愧

让自己不要忘记过去的耻辱。他还亲自下田耕种，带动百姓发展生产；同时鼓励生育，提倡青年男女及时成亲。经过几年的艰苦奋斗，越国国力逐步转弱为强。

而吴国却是另外一幅景象。自从击败越国后，吴王夫差就放松了警惕，再见到越国经常到吴国朝见进贡更是变得飘飘然。勾践还给夫差送了西施和郑旦两个大美女，从此他便沉迷享乐，很少过问国事。伍子胥多次劝诫，但此时夫差已经听不进去了。

公元前484年，吴王夫差想北上中原争霸，准备兴兵伐齐。伍子胥觉得此时不能远征，得防备勾践图谋报复。但吴王不听，非得亲自率兵攻打齐国。由于此时中原诸国忙于内部争权，国力衰落，吴国还真给打赢了。夫差凯旋后设宴庆祝，勾践亲自赶来祝贺。夫差一高兴，决定赐给勾践一部分封地。伍子胥又站出来反对，但夫差还是没听。

后来，夫差嫌伍子胥天天在耳朵旁念叨，就派他出使到齐国。伍子胥看到吴王刚愎自用，吴国怕是难逃亡国之祸，便把他的儿子托付给齐国的一位大臣抚养，然后返回吴国汇报。奸臣伯嚭（pǐ）诬陷伍子胥勾结齐国谋反，夫差听信谗言，赐给伍子胥一把宝剑要他自杀。伍子胥拔剑自刎，他留下遗言："吴王刚愎自用，忠奸不分，吴国必亡。请把我的眼珠挖出来挂到东城门上，我要亲眼看着越军灭掉吴国！"

伍子胥死后，伯嚭继任相国。他贪财好色，好

大喜功，根本没有治国理政的才能。在他的折腾下，吴国逐渐衰弱。公元前478年，勾践进攻吴国，在笠泽击败吴军，夫差被围困。他想模仿当年勾践使用过的伎俩，派人向勾践求和。但范蠡和文种都坚决认为应该斩草除根，以绝后患，勾践采纳了他们的建议。

这时，夫差终于幡然悔悟。他想起当初伍子胥曾多次劝告自己，但他都嗤之以鼻，不由觉得羞愧难言，没脸去阴间见伍子胥，于是用白布蒙住双眼

后自杀身亡了，随后吴国灭亡。不久，勾践又北渡淮河，在徐地举行会盟，成为春秋时期的最后一位霸主。

陶朱公丧子

在吴越争霸的过程中，范蠡和文种立下了汗马功劳。传说在越王称霸之后，范蠡给文种留下一封信，然后带着西施泛舟西湖，离开了越国。那封信上写着："飞鸟尽，良弓藏；狡兔死，走狗烹。看勾践的面相就知道，他是那种可以同患难但不可共享富贵的人，你最好尽快离开，好自为之！"文种看了信后没有听从范蠡的建议，最后果然被勾践怀疑谋反，勾践赐给他一把宝剑让他自杀了。

后来，范蠡辗转来到一个叫陶的地方。他在这里做起了买卖，从中间赚取利润，不久就变得暴富，身家巨万，被称为"陶朱公"。而陶朱公也是中国有史可考的经商第一人，被后世商人

西施与王昭君、貂蝉、杨玉环并称为"中国古代四大美女"，其中西施居首。四大美女享有"闭月羞花之貌，沉鱼落雁之容"的美誉，其中的"沉鱼"，讲的就是"西施浣纱"的经典传说。

传说西施浣纱时，湖里的鱼被她的美貌深深打动，愣在那里不会游泳了，渐渐沉到湖底了。

视为保护神。

陶朱公一共有三个儿子，大儿子跟着他吃过苦，受过累，而其他两个儿子出生时他已经发达，不知人间疾苦为何物。在三个儿子都长大后，他的二儿子在楚国杀了人，被关进监牢等待处死。

陶朱公知道杀人偿命，天经地义，但毕竟是自己的孩子，也不能袖手旁观。于是他让小儿子带上千两黄金去楚国营救哥哥。大儿子听说后不乐意了，毕竟自己是长子，却不能为家庭分担压力，实在说不过去，于是主动请求去营救弟弟，不然就拔剑自杀。陶朱公无奈，只好让大儿子去了。陶朱公还写了一封信托人捎给从前的好友庄生，把事情的来龙去脉告诉了他。

临行前，陶朱公嘱咐大儿子，让他到了楚国就把千两黄金交给庄生，其他就不用他管了，一切交给庄生料理。大儿子答应了陶朱公，然后踏上了去楚国的行程，还带上了自己以前攒的百两黄金。

到了楚国后，大儿子找到庄生，发现他住在郊外一个茅草屋里，家徒四壁，异常清贫。大儿子按照父亲交代的，把金子交给了他，然后庄生让他赶快离开楚国，静候佳音。但大儿子没有听庄生的话，而是偷偷留在楚国，拿自己的钱去贿赂楚国掌管刑罚的官员们。

庄生虽然清贫，但却是极为廉直之人，举国上下无人不知无人不晓，楚王都对他敬重三分。为了搭救旧友的儿子，庄生找了个机会去见楚王，对他说："大王，我夜观星象，发现您最近有祸患。"

◆ **知识链接** ◆

蓬勃发展的城市与早期商业

春秋时期，随着人口的增加和生产力的提高，人们开始不单单依靠农业来维持生计，城市随之产生。比如说春秋时期齐国的临淄、东周的国都洛邑，战国时期赵国的邯郸、楚国的宛等，都是著名的大城市。

诸侯间争霸战争不断，原先由国家控制商业的局面被打破，开始出现专门从事商业活动的商人。比如辅佐勾践灭吴的范蠡就功成身退后改名为陶朱公，开始经商，后成为富可敌国的大商人。孔子的弟子子贡也擅长经商，也是一个很富有的人。

楚王对庄生非常信任，于是焦急地问："有什么破解的方法吗？"

庄生回答说："办法嘛，倒是有，大王可以积德行善，灾祸自然就能消除。"

楚王采纳了庄生的意见，宣布大赦天下。那些受贿的官员把这个消息告诉了大儿子，大儿子听说后十分高兴，可转念一想又觉得庄生根本没帮上啥忙，那一千两黄金相当于白送了。他心有不甘，又去了庄生那里想把钱要回来。

庄生见到他后有些惊讶，问道："你怎么还没走？"

大儿子说："为了营救弟弟，我本来就没打算走。如今弟弟获释，不需营救，我特地来向您拜别。"庄生听出了他的意思，便让他进屋把钱拿走了。此时大儿子还在暗自庆幸。

庄生自恃清高，在楚国才高德重，如今却被一个晚辈耍了不说，还强行索还了千两黄金，不由得感到羞愤交集。于是，他又跑去见楚王，说："恭喜大王，您的灾患已经被善行化解。可如今民间并没有念大王的好，而是说大王贪图钱财。"

楚王不解地问："这是为何？"

庄生接着说："我一打听，得知是陶朱公的儿子在楚国杀了人被关进牢里，他家富甲天下，拿了许多钱财来打点。所以民间都说大王下赦令不是因为体恤百姓，而是为了陶朱公的儿子。"

楚王听完生气地说："我堂堂一国之君，难道会为了一点钱财去赦免他的儿子吗！"于是，楚王下令将陶朱公的二儿子先行处决，到第二天

▲ 春秋错红铜绳纹壶

再正式下赦令。就这样，大儿子只得带着弟弟的尸骨回了家。

陶朱公的家人都悲痛欲绝，唯有陶朱公淡定地说："其实我早知结果是这样。大儿子虽然疼爱弟弟，但他跟我一起白手起家，吃过很多苦，知道金钱来之不易，所以太爱惜钱财。而小儿子含着金汤匙出生，从小娇生惯养，不知节俭为何物。我之所以想让小儿子去，就是因为他舍得花钱。可大儿子以死相逼，我只好应允，但心里也知道二儿子怕是难逃一死。事已至此，我也没什么好悲伤的了。"

范蠡既是一个政治家，更是一个成功的商人。他善于观察，能认识到性格对命运的影响，实属难得。

◆ 知识链接

什么是"大赦"

古人迷信天人感应，即天象变化预示着人的吉凶祸福，根据天象的警示采取措施因势利导，祛灾消难。

古代国君经常以赦免狱中囚犯来收买人心，祈求国泰民安，大赦被看作是君王施行"仁政"的举动。

闯关小测试

➡ 1. 伍子胥本是哪国人？（　）

  A. 楚国　　B. 秦国　　C. 吴国

➡ 2. 以下哪位不是吴王阖闾的臣属？（　）

  A. 孙武　　B. 伍子胥　　C. 文种

➡ 3. 范蠡弃官经商以后，又叫什么名字？（　）

  A. 黄石公　　B. 陶朱公　　C. 鬼谷子

参考答案：1.A　2.C　3.B

智者风采

老子说，这个世界太喧闹，都是因为人们做得太多。他留下五千字箴言，骑着青牛飘然走了。

孔子不愿离开人群。他带着弟子周游列国，推行他的政治理念，但无人收留。他垂垂老矣，建功立业已经不可能了，便埋头整理学术。

老子与《道德经》

老子是春秋时期著名的思想家、政治家。据《史记》记载，他出生在楚国苦县（今河南鹿邑），一出生相貌就异于常人，前额宽，耳垂大，人们都认为这是有福气的象征。父亲给他取名叫李耳，字"聃"（大耳垂），希望他福旺寿长。

老子从小聪慧敏学，博览群书，是在当地小有名气的神童。长大后，老子为了开阔眼界，便孤身一人来到了东周都城洛阳，并且很快当上了守藏室史官。在这样的环境下，老子更加如饥似渴地读书，逐渐成为全国闻名的大学问家。很多人都从各地不远千里地跑来向他请教问题，其中就包括被后世尊为"圣人"的孔子。

孔子想向老子请教礼制问题，他带着见面礼去见了老子，老子热情地接待了这个勤奋好学的年轻人。接下来，孔子翻阅了守藏室里的各种典籍，查看了太庙、明堂里的祭器实物，老子还毫无保留地传授他关于礼制的知识。

一个月后，孔子要离开了。老子语重心长地对他说："孔丘呀，我有几句话想嘱咐你。第一，你所研究的学问，都是古人留下来的。可他们早已故去，因此你不需要把他们的话看得太死。第二，君子若要有所作为，不但要有本事，也要生逢其时，否则就难以为世所用。第三，真正有修养的人往往都是朴实无华的，所以我希望你去掉一些骄狂，去掉一些贪恋，少一些改造世界的幻想。"孔子听完后大受震动，不禁感叹老子见解深刻，称他为出神入化的云中之龙。

当时，东周日益衰落，王室内部争权夺势，洛阳战乱频繁，连守藏室的大批珍贵图书也没有幸免于难。老子觉得洛阳不宜再待下去了，于是决定去较为和平的秦国转转。

老子骑着青牛走到函谷关口，过了这函谷关就是秦国的地界了。老子心情愉快，边哼着小曲边欣赏着路边的风景。这时，守关的官员尹喜来到老子面前恭恭敬敬地施了个礼，然后说："老先生途经此地，是在下有失远迎。素闻先生学问广博，见识精深，既然到了这里，就请您在这小住几日，将您

的真知卓识写成一部书，让天下人拜读受教，不知先生意下如何？"

老子被尹喜的真挚打动，便答应了他的请求，将自己关于道德、无为而治、以柔胜强以及对宇宙、人生、社会等方面的思考写了下来，最后著成一部五千余字的《道德经》。老子最核心的思想就是"道"，他认为"道"是宇宙的本源，所谓"道生一，一生二，二生三，三生万物"，世界上万事万物的形成和发展都由"道"转化而来。这一思想成为中国古代哲学思想的源头之一，一直到现在还对中国人的精神有很深的影响。书成之后，老子继续西行，但此后就再也没人知道他的下落了。

▲ 青铜豆

孔子周游列国

孔子生活在春秋末期，鲁国人，是我国古代著名的大思想家、政治家、教育家。孔子的祖上本是宋国贵族，但传至他这一代已经变得十分贫寒。他饱读诗书，满腹才华，但却一直得不到重用。一直到五十多岁那年，他才在鲁国当上了一个小官，随后陆续升任鲁国的司空和大司寇。

孔子出任大司寇后着手改革，鲁国的面貌立刻就焕然一新了。这引起了邻国齐国的不安。为了消磨鲁定公的意志，齐国给他送去了几位漂亮的歌女。果然，这个鲁定公天天看美女唱歌跳舞，再也不管国家大事了。孔子想去劝谏，鲁定公却总躲着他，连面都见不到。孔子的学生都劝他辞职，但孔子不忍心，想等过了祭祀再说。依照当时的礼制，祭祀是国家大事，祭祀用过的祭肉应由国君亲自分给诸位大臣。如果鲁定公和往年一样重视这件事，就还有救。但祭祀过后，孔子在家里等啊等，最终也没等到国君送祭肉来。孔子对鲁定公十分失望，心灰意冷。他卸下官职，离开故土，开始带着自己的学生周游列国。

孔子先到了卫国，卫国国君对他很不友好，把他当奸细一样监视着。孔子只好赶紧离开，还没走到东城门的时候，因为事发太过仓促，子贡及一部分弟子还和孔子走散了。子贡很着急，便向路人打听孔子的下落。有人说他看见一群人簇拥着一个老师模样的人朝东门去了，那样子狼狈不堪，如同丧家犬一般。子贡一听便知道那一定是孔子，便赶到东门和孔子会合，还把刚才的话转述给孔子。孔子听了一点也不生气，反而笑着说这话倒也不假，自己确实像一条丧家狗。

接着，孔子一行人风尘仆仆地赶路，路上经过宋国国都时，他看到远处有一棵挺拔秀美的参天大树，树下则是一大片青青草地，于是马上指挥学生们席地而坐，演习礼仪。有人看到后把这件事上报给宋国的桓大司马，他本来就厌恶孔子的学说，听到消息后生气地说道："这孔丘也太招摇了，让他过境就不错了，还敢在我眼皮底下装模作样，老子非杀了他不可！"于是带了一队兵出城去找孔子

▲ 孔子

孔子是山东曲阜人，中国著名的思想家、教育家、政治家，被联合国教科文组织评为"世界十大文化名人"之首。

孔子曾与弟子周游列国14年，晚年回到鲁国，修订《诗》《书》《礼》《乐》《易》《春秋》，定为六经。

相传孔子共有三千弟子，其中被称作贤人的有七十二位。孔子去世以后，他的弟子和再传弟子记录整理了孔子及其弟子的言行，编纂成《论语》，成为儒家经典著作。

历代统治者对孔子尊崇有加，称他为孔圣人、至圣、至圣先师、大成至圣文宣王先师、万世师表。

了。等他们赶到的时候，孔子已经和学生们离开了，只留下了一地的脚印。桓司马让人把脚印铲平，事后还觉得不解气，于是又让人把大树也砍了才撤兵。有宋国的好心人劝孔子快走，孔子却不愠不火地说："上天委我以大任，他一介莽夫能奈我何？"

孔子来到陈国后暂时安顿下来。陈国是小国，介于晋、楚、吴三个大国之间，三天两头受气，陈国都城动不动就戒严。

孔子在这里待了一段时间后，觉得此地也不宜久留，便准备到楚国去。陈国的大夫们素来和孔子意见不合，他们害怕孔子到楚国得到重用后再来找他们报仇，于是发兵把孔子一行人围困在野外。

这里前不着村，后不着店，孔子和学生们已经饿了七天了。很多人都虚弱地倒在地上，但孔子还是坚持给弟子们讲学、弹琴、唱歌。

这时，子路问孔子："先生不是君子吗？为何会穷困到如此地步？"

孔子笑着回答道："君子不是不会穷困，而是不管多穷都不会干坏事。小人为了自己的利益，什么事都干得出来。"楚王得到消息后终于出兵来救，孔子等人才脱离困厄。

到了楚国后，楚王只是把孔子好吃好喝地供起来，并不给他任何机会施展才能。一天，孔子乘车在街上闲逛，只见一个神采飞扬的人一路飘飘然走来，他唱着歌，歌词大概是：

凤兮凤兮，何德之衰。

往者不可谏，来者犹可追。

已而已而，今之从政者殆而。

（译：凤凰啊凤凰，你的德运何以如此衰弱。过去的已经无可挽回，未来的

还来得及去追。算了吧算了吧。今日的执政者危乎其危！）

孔子被歌词深深打动，一时愣住了，直到那个人走出很远才回过神来。他急忙问路人："刚才唱歌的那个人是谁呀？"

路人回答说："他是楚国的大学者接舆先生！"

孔子一听十分懊恼，后悔刚才没有下车向他请教学问。从接舆先生的歌词里，孔子感觉到是时候回去了，他已经年近七十了，实在没有心力再实现自己的政治理想。

从此，他彻底断了在政治上建功立业的念头，带着几名弟子回到家乡。一推开家门，孔子看到满屋的书卷上积了一层厚厚的灰尘。他心里突然亮了起来，欣慰地说："谁说一定要从政呢，这不正是我的工作吗？"

从此，他开始潜心研究学术，编删《书》《诗》，考正礼、乐，阐发《易》理，制作《春秋》，并且致力于教学，留下许多意义深刻的教育思想。从汉朝开始，孔子的学说开始成为历朝历代的统治思想，他本人也被历代统治者尊为"圣人"，号"至圣先师"。

闯关小测试

➡ 1. 老子在东周首都洛阳任什么官员？（　　）

　　A. 大夫　　　B. 太史　　　C. 管理图书馆的官员

➡ 2. 孔子没有去下列哪个国家？（　　）

　　A. 楚国　　　B. 宋国　　　C. 吴国

➡ 3. 下列观点不属于《道德经》的是（　　）

　　A. 无为而治　　　B. 以柔胜强　　　C. 严刑峻法

参考答案：1. C　2. C　3. C

战国风云

战国时期，诸侯争霸继续进行，只是换了一些新面孔。江南的吴国和越国渐渐销声匿迹了。秦国在战国时成为最强大的国家。原本强大的齐国，被田氏取代之后，在战国时仍是一个强国。春秋时的大国晋国，被韩、赵、魏三家瓜分，赵、魏、韩三国都是战国时的强国。楚国自春秋末年被吴国击破之后，很快恢复，成为战国时的一个强国。春秋时的燕国在战国时期也是一个强国。

最后形成了齐、楚、燕、韩、赵、魏、秦七个大国，号称"战国七雄"。

◆ 知识链接

客死他乡的晋出公

晋出公在位期间，国内韩、赵、魏三家联手打败智家，晋国实际的执政权完全落入韩、赵、魏三家手中。晋出公完全就是一个傀儡君主，后来出公因对三家不满，出兵讨伐三家，兵败后流亡到了齐国，最终客死他乡。

诛灭智氏

春秋时期，晋文公曾称霸诸侯，天下莫不听令。后来晋襄公、晋景公、晋悼公等君主相继执政，晋国仍然是一个不容小觑的强国。但自从晋悼公的儿子晋平公即位后，晋国走向下坡路，国君的权力日渐衰微，国家大权渐渐旁落至卿大夫手中。到了晋出公即位时，晋国国君已经名存实亡，成为卿大夫的傀儡。

当时，比较有权势的卿大夫有六家，分别是智氏、韩氏、魏氏、赵氏、范氏和中行氏，被称为"六卿"。其中智氏权势最大，其他五家不敢和它对着干。智氏首领叫智伯，他野心勃勃，一心想要独揽大权。于是他先出兵灭了范氏和中行氏，吞并了他们的土地。接着，智伯又派使者向韩氏索要土地，韩康子内心恐惧，便破财消灾，割给他一块土地。智伯尝到了甜头，于是又向魏氏要土地，魏桓子也妥协了。

屡屡得手的智伯又向赵氏索要土地。但赵襄子是个硬骨头，不买他的账。智伯非常生气，觉得很没面子，于是要求韩、魏两家出兵，和他一起攻打赵氏。为了说服韩、魏两家出兵，智伯还答应灭赵之后平分赵氏的土地。三家联军人多势众，赵襄子自知打不过，便撤晋阳（今山西太原）固守。这里是赵氏的根据地，城池坚固，粮草充足。晋阳百姓也对赵襄子十分拥戴，大家同仇敌忾（kài），士气旺盛，能够守上一段时间。

三家联军如洪水般源源不断地涌来，将晋阳团团围住。智伯下令攻城，但因城防严密，士兵根本登不上城墙，多次进攻都被击退。这让狂妄的智伯犯了愁，当时正值雨季，道路泥泞，干啥都不方便，等士气一过，更是攻不下来了。突然，智伯看到滔滔的汾河水，心里有了主意。他传令："筑坝拦住

▲ 春秋黄子盉（hé）

汾河水，开渠通往晋阳城。"等汾水的水位快要漫过河坝时，他又下令挖开河堤，滔滔的汾河水便像奔腾的野马一样向晋阳城灌去，迅速淹没到城墙的一半。智伯心中好不得意，他想，等洪水漫过城头，满城百姓都得遭殃，到时候赵襄子想投降也晚了！

可事情没按智伯预料的进行，后来雨小了许多，洪水上升的速度也慢了下来，水位到离城头还差三块木板高度的时候便不再上升了，赵襄子悬着的心也算落了地。虽说洪水没有淹过城头，但渗进来的河水还是使城内变成一片汪洋，百姓家里都生了蝌蚪。这样下去，就算三家军队只围不打，城里的军民还是要遭殃。赵

襄子心急如焚，叫来足智多谋的张孟谈商议对策。

张孟谈知道韩、魏两家并不是真心服从智氏，而是被迫的，如果能说服他们两家倒戈，就还有翻盘的机会。他自告奋勇，去做这个说客。夜半时分，张孟谈坐着用绳索吊着的箩筐偷偷出了城，然后找到魏桓子和韩康子，他开门见山地对二人说："智氏的野心你们也知道，赵氏如果灭亡了，韩氏、魏氏也不会长久，唇亡齿寒的道理应该不用我再教了。为今之计，只有我们三家合力，里应外合，出其不意，击败智氏。"

本来魏桓子和韩康子心中就有顾虑，张孟谈的话更是击中了要害，他们很快

◆ 知识链接

前事不忘，后事之师

张孟谈帮赵襄子打败智伯后，请求离开，赵襄子急忙挽留。张孟谈说："我因为功劳大，在国内声望甚至超过了你，因此必须离开。历史上从来没有君臣权势相同而能永久和睦下去的。前事不忘，后事之师。"赵襄子听完只得答应了。张孟谈辞官后，一直隐居，得以安享晚年。

后人用"前事不忘，后事之师"这个成语来提醒人们记住过去的教训，以避免犯同样的错误。

▲ 青铜壶

便表示愿意倒戈。三人密谋了一番，商定了起事的日期和具体事宜。

到了约定起事的那天夜里，赵襄子派精兵锐卒出城直奔汾河堤。河堤上没有多少智伯的军队，无法抵挡赵军的进攻，纷纷败退。赵军趁机掘开大堤，让汾河水泻向智家军大营。熟睡中的智家军被咆哮而来的洪水惊醒，顿时慌成一团，成了一群无头苍蝇。赵襄子领兵从正面进攻，韩、魏两军从侧翼夹击，智家军失去指挥，死伤惨重。智伯心中暗暗咒骂魏氏和韩氏，他带着残兵败将几次突围都无法逃脱，只好束手被擒，后被赵襄子处死。

诛灭智氏以后，赵、魏、韩三家瓜分了智氏的封地。后来，他们干脆把晋君仅剩的一点儿土地也瓜分了，这就是历史上著名的"三家分晋"。公元前403年，周天子承认了赵、魏、韩的地位，封他们为诸侯。从此，赵、魏、韩和秦、楚、齐、燕平起平坐，共同组成了战国"七雄"，一场新的时代战歌即将吹响！

吴起改革

吴起是卫国人，他熟读兵书，善于用兵，是个难得的人才。年轻时，吴起曾在鲁国任职。有一次，齐国攻打鲁国。鲁国国君本想起用吴起为将军，但因为吴起的妻子是齐国人，鲁君怕他心怀私情，不敢信任他。一心想建立功名的吴起狠心杀了妻子，以表示自己的决心。鲁君这才放下心来，任命他为将军，击退了齐国的进攻。虽说吴起很有能力，但不少鲁国官员都看不惯他。有人对鲁君说："这个吴起虽有带兵打仗的本事，但他为了功名不择手段，恐怕日后也会成为鲁国的祸害。"听了这话，鲁君就开始疏远他了。

吴起在鲁国待得没意思，听说魏国正在求贤，就去投奔魏文侯了。魏文侯看重他的能力，不计较他的人品。吴起治军有方，纪律严格，赏罚分明。他爱兵如子，与士兵们同甘共苦，甚至亲自帮背上生毒疮的士兵吸吮毒液，深得士兵的拥戴。魏文侯也很信任吴起，任命他为西河守将。吴起也是利索人，他不负重托，一口气攻下了秦国五座城池。但好景不长，不久魏文侯因病去世，魏武侯即位。他听信了小人谗言，开始疏远吴起。吴起在魏国难以立足，便悄悄逃去楚国。

楚国国君楚悼王是一位励精图治的君主，他求贤若渴，听说吴起来到楚国就将他接到王宫，待如上宾。当时的楚国虽然大，但却弊病百出，国力不断衰弱。楚悼王向他虚心求教，而吴起也知无不言。随后，楚悼王便任命他为令尹，支持他在楚国实行变法。吴起感激楚悼王的知遇之恩，于是在楚国大力推行自己的变法主张。他削弱贵族势力，废黜无用官吏，奖励耕战，加强国防，使楚国迅速富强起来。但这变法严重侵犯了旧贵族的利益，他们都对吴起恨之入骨，正想尽办法除掉他呢。

▲ 吴起

吴起是战国初期著名的军事家、政治家、改革家，是兵家的代表人物。他历经鲁、魏、楚三国，融合兵家、法家、儒家三家思想于一体，在内政、军事方面都有卓越的成就，著有《吴子兵法》。

吴起曾在楚国主持"吴起变法"，得罪了很多楚国的贵族，被他们杀害。

▲ 战国青铜胄

公元前381年，楚悼王突然因病去世。消息传开，举国震动。吴起失去了政治靠山，变法事业被迫中断。一天，吴起正在处理悼王的丧事，一群贵族大臣为了报仇发动叛乱，准备捉拿吴起。吴起逃到楚悼王的尸体旁，以为他们不敢在这个地方乱来。哪知道这群叛臣都杀红了眼，啥都顾不上了。他们下令向吴起放箭，吴起中箭身亡，悼王的尸体也中了好几箭。等到楚国太子即位后，那些犯上作乱的叛臣被全部处死，有七十多家贵族被灭族。

从吴起的经历就可以看出，改革的步伐无比艰辛，会触动很多人的利益。那些无畏的改革家推动了社会进步，但自己却往往会被历史的车轮碾轧。

商鞅变法

商鞅原姓公孙，是卫国贵族的后代，所以也叫卫鞅。后来，秦王把商於（wū）之地封给他，因此人们称他为商鞅。

他年轻时很喜欢研究刑法和君王之术，是法家学派的代表人之一。法家和儒家不同，儒家主张以道德感化人，而法家主张用法律约束人；儒家提倡礼乐文明，法家强调富国强兵，究竟孰好孰坏也说不清楚，但在战国各国之间兼并严重的社会环境下，法家思想往往更受国君欢迎。

商鞅本来在魏国做事，但没有得到重用，郁郁不得志。他听说西方的秦国正在招贤纳士，便决定去秦国碰碰运气。到了秦国后，秦孝公召见了他。商鞅先是大谈帝王之道，孝公不感兴趣，竟然打起了瞌睡。商鞅又讲起了春秋五霸的治国方法，秦孝公听得津津有味，马上决定重用商鞅。

　　为了富国强兵，孝公打算变更法度。他又怕人们不接受，于是召集群臣商议。以甘龙、杜挚为首的旧贵族强烈反对变法，商鞅据理力辩，得到了秦孝公的大力支持。他任命商鞅为左庶长，制定了新法，并在全国大力推行，这就是历史上著名的"商鞅变法"。

新法的主要内容有三部分。一是实行什五连坐制，十家为一什，五家为一伍，让他们互相监视检举，如果一家犯法，其他家不告发就要连带治罪。二是废除爵位世袭制度，奖励军功，没有军功就不能加官晋爵。三是鼓励生产，奖励耕织，生产粮食布帛多的人便可以免去徭役。

从上面的措施来看，新法对底层人民大有好处，给了他们一个宝贵的上升机会，但却严重触及了旧贵族的利益，遭到他们的强烈抵抗。同时新法也实在过于严苛，比如一家犯法，邻居不举报也要跟着遭罪。一时间秦国上下人人自危，谨言慎行，彼此都像防贼一样防着对方。因此，新法施行的第一年就遭到很多人反对，大家都要求废除新法。

正在这时，秦国的太子嬴驷犯了罪。商鞅为了在全国推行新法，为百姓做表率，要依法处罚太子。但太子是国君的继承人，多金贵啊，哪能随便用刑。干脆处罚太子的老师公子虔吧，都怪他教导无方。就这样，公子虔被施以劓（yì）刑，割掉了鼻子。秦国百姓看到贵族犯法都难逃处罚，从此人人都对新法心生敬畏，视为准绳。

秦国严格执行新法，对犯罪的人绝不留情。有一次，商鞅在渭河岸边一次就处死了七百多人，附近的河水都被鲜血染红了。

新法推行十年后，秦国逐渐变得国富民强，社会安定繁荣，百姓安居乐业，家家富裕充足，山无盗贼，路不拾遗。大家都勇于为国打仗，建立军功，而不屑于为私利争斗，整个国家一片欣欣向荣的迹

▲ 战国绚纹环耳壶

象，连周天子都把祭肉赐给秦孝公，这在当时是一种极高的荣誉。

公元前 338 年，秦孝公因病去世，太子嬴驷即位，他就是秦惠文王。这时，曾经被商鞅判刑的公子虔一班人告发商鞅谋反，惠文王也对曾经那件事耿耿于怀，便派人去抓捕商鞅。商鞅得到消息后赶紧逃跑，逃到边境关口的时候正好天黑了，商鞅想住旅店。旅店的主人不知道他的身份，要他出示证件，说："商君有令，住店的人必须出示证件，否则店主就要连坐。"

商鞅拿不出证件，既欣慰新法在全国得到有力推行，又感叹自己作法自毙。就这样，商鞅被捕，秦惠文王下令将他五马分尸并诛灭全家。

▼ 商鞅被诛

秦惠文王即位时秦朝宗室都怨恨商鞅，便将其诛杀。秦惠文王改"公"称"王"，成为秦国第一王。秦惠文王当政期间，北扫义渠，西平巴蜀，东出函谷，南下商於，为秦统一中国打下坚实基础

商鞅虽死，新法未灭。商鞅变法使秦国变得国富民强，为日后秦始皇统一天下打下坚实基础。

邹忌讽齐王

　　齐威王刚刚开始执政时，齐国朝政混乱，战争频繁。齐国有个叫邹忌的官员，他一直想去劝齐王励精图治，广纳良言，改变齐国的现状。

　　有一天，邹忌早上起床穿好衣服，梳洗打扮了一下，他看到镜子里的自己身材匀称，皮肤白净，相貌端正，十分帅气！于是，他得意地问妻子："我跟城北徐公谁更好看啊？"妻子笑着说："当然是您好看啦，城北徐公根本排不上号！"

　　其实城北徐公是当时公认的美男子，齐国上下无人不知无人不晓。邹忌不太自信，又去问侍妾："我跟城北徐公比起来，哪个更好看啊？"侍妾也回答说："您可比徐公好看多啦，他不配和您相比！"

　　过了一会儿，家里来了一位客人。邹忌又去问他："有人说我比城北徐公还好看，您怎么看？"客人说："说的没错，您比城北徐公好看多了！"

　　第二天，城北徐公来邹忌家里拜访。邹忌把徐公仔细打量了一番，感觉人家长得比自己好看多了；再偷偷照照镜子，更发觉自己比徐公差远了！可为什么妻子、侍妾和客人都说他比徐公好看呢？晚上邹忌躺在床上一直在琢磨这件事，最后他终于悟出了一番道理。

第二天清早，他在上朝时把这件事告诉了齐威王，齐威王听了哈哈大笑，问道："那为什么他们都硬说你比徐公好看呢？"

邹忌回答说："我昨儿晚上思考了好久终于明白了，妻子说我好看是因为她偏爱我，侍妾说我好看是因为她怕我不开心，客人说我好看是因为他有求于我。他们都是为了讨好我才这么说的！"

齐威王听了觉得有道理，说："你说得对，要学会分辨别人的好话，不然就很容易被蒙蔽，分不清是非。"

邹忌接上话茬，严肃地对齐王说："大王，您受的蒙蔽恐怕比我深得多吧！"

齐威王脸色一沉，问道："你这话什么意思？"

邹忌不慌不忙地说："大王，我的妻子、侍妾、客人都是为了讨好我而蒙蔽我。可对您来说，整个齐国上下都对您偏爱有加；朝廷上的大臣都对您心存畏惧；天下各国都对您有所欲求。他们为了巴结讨好您，在您面前说尽好话，由此看来您受到的蒙蔽可比我深得多！"齐威王恍然大悟，说道："先生说得有理，您提醒的太对了！"

于是，齐威王向全国发布诏令："不论是谁，只要能当面指出我的缺点或错误，给上等奖；以书面形式向我提意见，给中等奖；哪怕是背后议论我的过错，只要被我知道了，也给下等奖。"

命令传出去后，朝堂上为齐威王提批评建议的大臣熙熙攘攘，整天不断；几天后依然有不少人来提意见；几个月以后就稀稀拉拉没几个人了；过了

知识链接

田氏代齐

公元前 386 年，掌握齐国实权的田氏取代已被架空的姜氏，成为齐国的国君，窃取了齐国的政权。

齐桓公时期，陈国的公子完为了躲避内乱而逃往齐国，并将姓氏改为田氏。后来田氏子孙田乞掌控了齐国的国政；又过了几代，田和取代姜氏政权，终于成为齐国国君。史书称为"田氏代齐"。

▲ 战国青铜镶嵌几何纹文壶

一年，大臣就是想提也找不出来齐威王有什么过错了。

　　齐威王在位时任用邹忌为相，田忌为将，虚心纳谏，积极改革，发展生产，创办了稷（jì）下学宫交流学术，使齐国迅速强盛起来，成为东方大国。

孙膑和庞涓

孙膑，齐国人，是著名军事家孙武的后代。他年轻时曾和庞涓一起学习兵法，后来庞涓去魏国当上了将军。庞涓自知才能不及孙膑，对他非常忌恨，就偷偷派人将孙膑请到魏国，然后偷偷监视他。这还不算，为了彻底压制孙膑，庞涓编织罪名，栽赃陷害，使孙膑遭受膑刑和黥刑，被挖去膝盖骨并在脸上刺字，让他不能再威胁到自己的地位。

不久，齐国的使者到访魏国国都大梁。狱中的孙膑偷偷买通狱吏，然后去见了齐使，想说服他把自己带回齐国。通过一番交谈，齐使觉得孙膑是个人才，便偷偷地用车带他回了齐国。到了齐国后，将军田忌十分赏识孙膑的才华，待之如上宾。

当时，田忌常常跟贵族子弟们赛马赌钱，但每次都是输多赢少。孙膑跟着去看了几次，发现双方的马可分为上、中、下三等，每一等的脚力都差不多。田忌的马稍逊一些，因此输得多。于是他自信地对田忌说：“下次赛马你只管下注，我保你取胜！”田忌听信了他的话，在赛前下了千金的赌注。等到要比赛了，孙膑对田忌说：“将军请按照我说的做，定能取胜。先用您的下等马与他们的上等马比，再拿您的上等马与他们的中等马比，最后再让您的中等马与他们的下等马比。”果然不出孙膑所料，比

● 知识链接 ◀

“高等学府”稷下学宫

“稷”是指齐国的国都临淄城中一处城门的名字。“稷下”指稷门附近，齐国的君主曾经在这里开办学宫，称为“稷下学宫”。

稷下学宫的意义重大，它开创了官方举办、私家主持的高等教育模式，在世界上是第一个。另外，稷下学宫也为当时百家争鸣营造了十分优越的人文环境，间接促进了先秦时期我国学术文化的大繁荣。

▲ 战国时期陵阳壶

赛结束后田忌一负两胜，果然赢了千金赌注。齐威王觉得奇怪，就问田忌取胜之策。田忌把孙膑的谋略告诉了齐威王，还把孙膑推荐给齐威王。齐威王见了孙膑后和他谈论了一番兵法，对他大加赞赏，立刻拜他为齐国军师。

公元前353年，魏国率兵攻打赵国，赵国情况危急，向齐国求救。齐威王想以孙膑为主将，孙膑却认为受过刑罚的人不宜当主将，因而辞谢了齐威王的请求，并提出让田忌做主将，自己做军师为田忌出谋划策。齐威王采纳了他的建议。

田忌想要直奔赵都解赵国之围，但孙膑却说："魏国一定能料到我们会出兵救赵，提前做好准备，如果直接去赵国，恐怕我军也要折兵损将。现在，魏军的精锐部队都被调去进攻赵国，魏国都城一定空虚。不如我们出其不意，直接去攻

打魏都大梁。他们一定会回兵自救，到时我们再在他们的必经之地设下埋伏。这样既解救了赵国之围，又挫败了魏军，一举两得！"

田忌觉得此计极妙，于是听从了孙膑的建议率兵攻打大梁。魏军果然撤兵，急急忙忙去解救都城。齐军趁机在桂陵设下埋伏，等疲惫不堪的魏军到了之后便突然发起猛攻，大败魏军，魏国国力也因此受损。这就是历史上著名的"围魏救赵"。

公元前341年，回过神来的魏国又攻打韩国。韩国也来向齐国求救，齐王派田忌和孙膑率兵救援。田忌故技重施，仍然采用攻敌后方的策略率军直奔大梁。魏将庞涓得到消息后立刻从韩国撤兵回魏，去追赶齐军。孙膑为了麻痹庞涓，

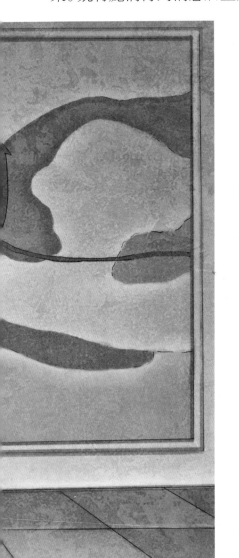

让士兵第一天挖十万人做饭的灶，第二天挖五万人做饭的灶，第三天只挖三万人做饭的灶。庞涓在后面追了三天，看到齐军的锅灶一天比一天少，以为齐军的士兵已经逃亡过半，不禁喜形于色。他急功近利，丢下大批步兵，只带上小部分精锐轻骑兵，日夜兼程追击齐军。

孙膑走到马陵后，觉得以庞涓的行军速度大概当晚就能赶到。马陵的道路狭窄，两旁地势险恶，适合做埋伏。他命一万名弓箭手埋伏在道路两旁，又让人剥去一棵大树的树皮，露出白木，然后在上面写上："庞涓死于此树之下。"他下令："晚上只要看见树下亮起火光，埋伏的弓箭手就万箭齐发。"

当晚，庞涓果然赶到马陵。他隐隐看见那棵大树上写着字，就叫人点火照明。齐军看到火光，一时间万箭齐发，魏军顿时大乱，死伤惨重，几乎全军覆没。

经历此败后，庞涓羞辱难当，于是拔剑自杀。最终，他因为自己的嫉妒和贪婪付出了生命的代价。

庞涓拔剑自杀

墨子止战

在诸子百家中,墨家是一个很独特的学派。他们穿着布衣草鞋,脸庞晒得黝黑,一副平民打扮。他们有严密的组织,掌事者称"巨子";他们行侠仗义,锄强扶弱,哪有困难哪里就有他们的身影。有时候小国被大国欺负了,他们甚至还会赶过去帮小国打仗。这究竟是一个怎样的学派呢?它又是怎样创立的呢?

墨家的创始人叫墨翟(dí),是宋国的没落贵族。他对大禹十分崇敬,因此也效仿他穿着草鞋,奔走于天下。他主张和平,致力于停止这无休止的战争。

当时有一个巧匠叫公输般(即鲁班),他为楚王制造了一种攻城的器械,叫云梯。这种梯子能固定在车子上进行移动,有了它攻城就容易多了。楚王十分高兴,决定用它来攻打宋国试试手。这时候,墨子还在齐国。他得知这个消息后气得不行,一方面派学生赶到宋国帮他们作战备,另一方面马上赶到楚国去劝说楚王停止攻宋。

到了楚国后,墨子先去见了公输般。公输般见他行色匆匆,汗流浃背,于是问道:"先生光临寒舍,有什么赐教吗?"

墨子说:"有人侮辱我,我想请您帮我杀了他。"

公输般听了脸色一沉,说:"你这人怎么这样,怎么能随便杀人呢！"

墨子说："我愿意出千两黄金作为酬谢。"

公输般说："我是有原则的人，绝不会为了钱随便杀人！"

墨子听了哈哈大笑起来，他说："既然这样，那你为什么要为楚王制造云梯，让他去攻打宋国呢？宋国做错了啥？"公输般一时语塞，答不上话来。

墨子没等他开口，接着说："您说您有原则，坚持正义，不愿意随便杀一个人。现在楚王要用你造的器械无缘无故去攻打一个国家，不知要死多少人。难道您坚持的正义是杀多不杀少吗？那又值几个钱呢？"

▲ 公输班

这下公输班更是哑口无言，不知如何回答。过了半晌，他才说："先生说得有理，但如今大王已经做出决定，我一个匠人也改变不了什么。"

于是，墨子便让公输班和他一起去见楚王。墨子对楚王行过礼后，跟他讲起故事来："大王，我以前碰到一个奇怪的人，他自己有华丽无比的车子不乘，偏要去偷邻居的旧车；有精美的丝绸衣服不穿，去偷邻居的破衣烂袄；有山珍海味不吃，去偷邻居的粗茶淡饭。您说这人是不是有毛病？"

楚王听了笑着说："这人怕是偷盗成瘾吧！"

墨子接着说："依我看，贵国领土广阔，方圆达五千里，物产丰富，应有尽有。而宋国只是一个小国，地瘦民穷，没有一点油水。大王去攻打宋国，

● 知识链接

什么是"山珍海味"？

　　山珍海味泛指在山川海洋里寻找的名贵菜肴，历来都是美食的代名词。过去的生产力低下，山珍海味的数量非常少，人们口口相传，逐渐将山珍海味定义为最好的食物。

不正是和那个人犯了同样的毛病吗？"

楚王听了这话才知道墨子是在讽刺自己，更关键的是说得还十分有理。但他又不甘心停止攻宋，于是找借口说："话虽如此，但公输般历经千辛才为我造好云梯，我得去宋国试一下看管用不管用啊！"

墨子说："有了云梯也不见得一定能取胜！如果它连我都对付不了，更别说是一个国家了。这样吧，就让我和公输大夫用一些东西代替器械，当场比划比划怎么样？"楚王一听觉得挺有意思，就同意了。

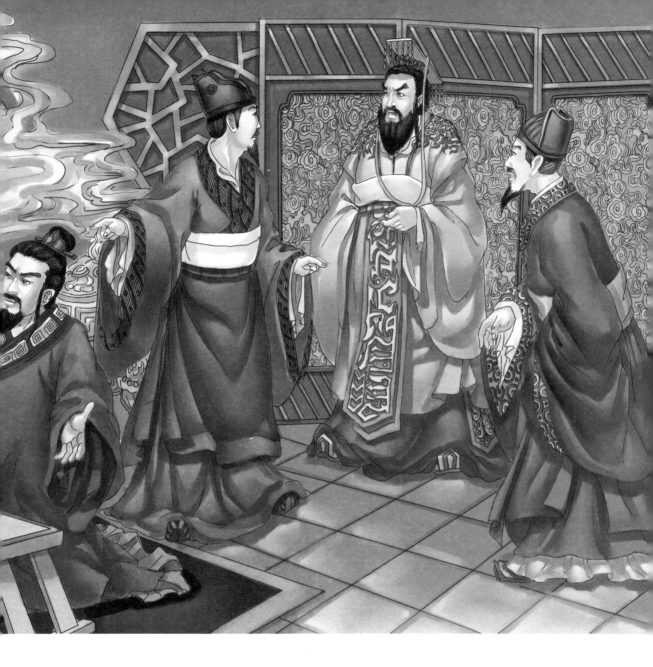

只见墨子把腰带解下来围成城墙的形状，然后拿筷子之类的东西当守城的器械。公输般则拿了些小木条、小木块代替云梯、撞车和飞石，作为攻城的武器。准备就绪后比试就开始了，公输般用手里的木块组织了一次又一次进攻，但每次都被墨子的防御武器击退。最后，公输般进攻的办法全都用上了，墨子还有好多防御措施没用呢！

公输般突然站起来不服气地说："哼，我知道怎样对付你，但我不说。"

墨子听完笑着说："我知道你知道怎么对付我，我也不说。"

楚王都被他们绕晕了，问道："你俩搁这儿打什么哑谜呢？"

墨子向楚王解释说："公输般所说的办法是杀了我，这样就没有人替宋国守城，攻宋就轻而易举了。可我的学生禽滑釐（qín gǔ xī）带着三百多人早就拿着我设计的防御器械去了宋国，此刻正在城楼上布防。就算我死了，你们也休想攻下宋国！"

楚王听了只好作罢，决定不再进攻宋国。墨子用自己的胆略和才华阻止了一场战争，帮助宋国逃过一劫，挽救了不少人的性命。

胡服骑射

三家分晋以后，赵襄子的后代赵烈侯正式建立了赵国。起初赵国也算个强国，可后来各国相继变法图强，在历史的洪流中，赵国却渐渐落后，国势日益衰微。西边的强国秦国几次发兵犯境，强占了赵国不少土地，北方的少数民族匈奴、林胡也经常来骚扰边境，抢劫财物。就连中山国那样的小喽啰也仗着齐国的支持不断欺侮赵国。

公元前 325 年，赵武灵王即位。他心怀大志，发愤图强，立志改变国势衰微、受人欺辱的现状。当时，北方的胡人经常骚扰赵国边境，他们着短衫紧衣，擅长骑马射箭，来去迅疾，打得赢就打，打

◆ **知识链接**

褒贬不一的赵武灵王

赵武灵王在位时，推行了以"胡服骑射"为主要内容的一系列改革措施，使得赵国日益强盛，得以灭中山国，败林胡、楼烦二族，辟云中、雁门、代三郡，并修筑了"赵长城"。近代思想家梁启超先生说："赵武灵王是黄帝以后第一伟人。"

但是赵武灵王在晚年立太子时犯了严重的错误，使自己在沙丘之乱中被幽禁，最终被饿死。他死后谥号为"武灵王"（"武"为褒义，而"灵"为贬义）。从武灵王开始，赵国国君谥号称王。

不赢就跑。而赵军穿的是宽袍长袖，驾的是笨重的战车，拿他们一点办法都没有，因此吃了很多亏。

赵武灵王看到后便决心改革，他对大臣肥义和楼缓说："我们的衣服武器都太落后了，要想打败胡人，就要和他们一样穿短衣，学习骑马射箭，这样才能增强军队的机动性和战斗力。"肥义、楼缓都同意他的观点，于是赵武灵王宣布改革服制，君臣三人带头在朝堂上穿起了胡服。这在当时可是一个大新闻，大臣们看到后都炸开了锅，朝堂上下议论纷纷。大家都觉得赵国是中原正统诸侯国，有礼制约束，怎么能学人家穿胡服呢？这成何体统！也有大臣埋怨肥义和楼缓两个人不但不制止国君的非礼行为，反而推波助澜！武灵王的叔父公子成更是气得满脸通红，一甩袖子走了，从此干脆托病不上朝。

◆ 知识链接

什么是"夷狄"？

我国古代中原百姓把东方部族称作夷，把北方部族称作狄。古代常用"夷狄"来泛称中原部族以外的各族。

胡服骑射的影响

赵武灵王提出的胡服骑射在我国军事史上开创了崭新的作战样式，骑兵作为冷兵器时代重要的兵种，开始在我国被广泛使用。

公子成是赵国老臣，在朝堂之上很有影响力。肥义提醒武灵王，如果能先说服公子成，那么再向全国推广就容易多了。武灵王觉得有理，便决定去公子成家里找他谈谈。这天，公子成正在家里生闷气，武灵王穿着胡服来拜访他了。公子成一看他那身打扮，气就不打一处来，冷着脸说："我赵家只拜见华夏国君、中原使节，但不拜见夷狄之辈。请您脱了胡服再来。"

武灵王板着脸说："我是赵国的国君，一国之主，您作为臣子应该听我的。我穿胡服您就应该效仿，然后在全国进一步推广，可您为何领头跟我作对呢？"

公子成可不吃他这一套，他装作倚老卖老，对武灵王说："国家大事我当然会听您的，但在家里我是长辈，您也要听我的话。我赵国乃中原国家，礼仪之邦，文明发源之地，不似那些未开化的夷狄。可现在您置祖训、传统于不顾，竟然学习起那些夷狄。我身为老臣，简直无颜面对列祖列宗啊！"

武灵王听完没有生气，而是摆事实，讲道理，把学习胡服骑射的好处和必要性详细地跟公子成解释了一遍，最后，武灵王严肃地说："我提倡胡服骑射是为了提高军队战斗力，强国富民，使赵国不再受外族侮辱和入侵。可您拘泥于陈腐的偏见，反对改革，至国家安危于不顾。难道这就是您给我们晚辈做出的榜样吗？"听完这席话，公子成陷入沉思，最后终于同意了。

第二天，武灵王在朝堂上正式颁布了全国一律穿胡服和士兵学习骑马射箭的命令。公子成穿上胡人的衣服现身说法，向大家普及学习胡服骑射的好处。大家看到国君如此坚决，而穿胡服行动确实干净利索，于是都不再反对。

推行胡服骑射不到一年，赵国便训练出来一支精锐的骑兵部队。武灵王依托这支骑兵部队发动了讨伐中山国的战争，几年后便占领了中山国的大部分领土，一直打到距离中山国都城只有八十里的地方，中山国国君被吓得赶紧跑到齐国去避难。从此，赵国国威大振，中原各国对其毕恭毕敬，就连强大的秦国也对赵国刮目相看。

几年后，赵武灵王攻灭楼烦，并联合齐燕两国消灭了中山国，实力进一步增强，在"三晋"中占据头筹。赵武灵王抛弃偏见，不拘泥于旧俗，首开风气，推行胡服骑射，训练出中原国家的第一支骑兵部队。此后中原各国纷纷开始效仿，骑兵部队逐渐多了起来，对后世意义重大。

火牛阵

公元前284年，燕昭王任命乐（yuè）毅为上将军，联合秦、楚、赵、魏、韩五国大举进攻齐国。其实，他这么做是为了报仇。当初，他的父亲燕王哙（kuài）在位时被大臣子之篡权。子之胡作非为，搞得燕国乌烟瘴气，国力迅速衰落。这时齐国趁机

▲ 乐毅

进攻燕国，子之和燕王哙都在战乱中死亡。燕昭王即位以后立志为父报仇，挽救燕国危局。他广招天下人才，先是将隐士郭隗奉为上宾，后又将军事家乐毅、大将剧辛、阴阳家邹衍、纵横家苏秦等人纳入麾下。在这些人才的协助下，燕国迅速强大起来。

伐齐的战争进展顺利，燕军势如破竹，一连攻占了齐国七十多座城，只剩下莒（jǔ）和即墨还在顽强抵抗，乐毅率军围城三年，进攻了无数次也没能攻下来。战争进入相持阶段，双方都在等待机会。齐国守军将领叫田单，他热爱自己的国家，为了抗击燕军，田单一上任就把自己本族的人全都编进了军队。在战争中，他身先士卒，一马当先，有勇有谋。平时则和士兵同甘共苦，一点都不摆架子。大家信任田单，和他一起齐心协力保卫即墨，击退了燕军一次又一次的进攻。

就在战争胶着（zhuó）之时，燕昭王突然去世了，燕惠王即位。田单听到这个消息松了一口气，翻盘的机会终于来了。田单马上派人到燕国散布谣言，说乐毅意图谋反，打算趁燕国新王即位尚未站稳的时候自立为齐王。刚刚即位的燕惠王缺乏政治远见，听到后自然就开始怀疑乐毅。

正巧，惠王身边有一个叫骑劫的大夫，在他还是太子的时候骑劫就对他阿谀奉承，讨惠王的欢心。现在，骑劫更是野心勃勃，想要绊倒乐毅，取而代之。听到乐毅的谣言后，他便去见惠王，说："以前昭王尚在，乐毅还有所顾忌，不敢当齐王。现在昭王去世，恐怕也没什么能压制他了吧！大王您想，

知识链接

田单"解裘救人"

有一年寒冬，田单乘车回家，忽然看到路旁的雪堆里躺着一个人。田单赶忙命车夫停下车，发现原来是一个老人冻僵了，田单立刻解开自己的衣服，把老人紧紧抱在怀里，抱上了车，命车夫赶快往家里赶。

回到家时，老人身上有了热气，呼吸也越来越有力了。在田单家人的悉心照料下，老人很快恢复了健康。

田单解裘（qiú）救人的事很快传开了，使得人们对田单更加尊敬了。

为什么齐国七十多座城都攻下来了，独独这莒和即墨围了三年就是打不下来？他不就是想利用这个机会来赢取齐国百姓的民心，然后顺理成章地当上齐王吗！您当太子的时候，乐毅就看您不顺眼。现在他手握重兵，又德高望重，怎么会对您忠心耿耿呢？说不定到时候燕国本土也会沦为他手呢！"

燕惠王对骑劫很信任，就听从了他的话，将乐毅撤职，任命骑劫为将军接替乐毅的位置。就这样，乐毅被迫回国，而骑劫来到齐国指挥军队。他急功近利，一上任就改变了乐毅围而不打的战略，下令猛攻。田单对此早有准备，他组织军队奋勇还击，燕军始终未能攻入城内，反而不断损兵折将。时间一长，骑劫也无计可施了。田单得知骑劫没什么本领，比起乐毅差远了，于是开始积极反攻，为复国做准备。

田单先是派人去城外散布流言，说要是割了齐兵俘虏的鼻子，将他们拉到阵前示众，城里的士兵看到后肯定会恐惧万分，赶紧投降！骑劫这个笨蛋听了居然觉得是个好办法，于是下令割掉俘虏的鼻子，将他们拉到阵前示众。齐军看到燕兵对俘虏如此残忍，反而更坚定了抗敌的决心，即便是那些想投降的人现在也不敢了！田单又派人去燕军中造谣，说城里士兵的祖坟就在城外，燕军要是把他们的祖坟刨了，这些人可能都没脸活着了，更别说提起力气去打仗了。骑劫又中了计，下令刨了齐国人的祖坟，还把刨出来的棺材和尸体通通放火烧掉，好让齐国人都看见。这在当时可是奇耻大辱，齐国人看了都恨不得把燕国人活剥生吞了，纷纷要求出城作战，

燕惠王致歉乐毅

乐毅因燕惠王的猜忌，投降了赵国。燕惠王害怕赵国任用乐毅，出兵攻打燕国。于是，燕惠王派人斥责乐毅，并向他致歉，大概意思是说："您为燕国立下大功，我怎么会忘记您的功劳呢，我刚刚即位，是我身边的人耽误了我。而我之所以派骑劫代替将军，为的是让您休养调息，来商讨国事，而您却误听传言，投降了赵国，如何报答先王对将军的知遇之恩呢？"

乐毅听后，写了封回信给燕惠王，就是《报燕惠王书》，信中乐毅表明了自己对先王的忠心，斥责惠王对自己的猜忌和态度。

燕惠王看完回信后，非常羞愧，立即封乐毅的儿子乐间为昌国君。

报仇雪恨。田单劝大家再忍耐一下，等时机到了一定让燕国人吃不了兜着走！

接着，田单又派使者去见骑劫，说城里已经没有粮食了，要求投降。骑劫听完后大喜过望，以为自己的计谋生效了，于是高高兴兴地约定了投降的时间。为了让他们放松戒备，田单又派了一些人扮成城中的富人，用金银财宝去贿赂燕军将士，希望他们攻进城后能保住他们的身家性命。燕兵看到有钱拿，高兴得不得了，于是给那些行贿的人发了一些小旗，让他们插在自己家门口作标志。这样一来，燕军更对城中齐军要投降的事深信不疑了，于是都放松了警惕。

那边燕军都准备庆祝胜利了，而田单这边却在加紧准备反攻。他下令将全城的一千多头牛集中起来，又给牛披上褂子，上面画满了五颜六色、稀奇古怪的花纹，接着在牛角上绑上匕首尖刀，在牛尾巴上绑上一捆浸了油的芦苇。随后，他又挑选了五千名精兵，脸上涂着各种颜色的花纹，穿上花哨的衣服，拿着武器跟在牛群后面。

在约定投降的前一天晚上，田单下令将城墙挖开几个口子，然后悄悄把牛赶出城外，并点燃了牛尾巴上的芦苇。这下牛群受惊了，开始没命地往前跑。风一吹，火就越烧越大，牛群也就越来越疯狂，只顾往前面燕军的营地冲过去。五千名乔装的士兵紧紧跟在牛群后面，也叫喊着冲杀过去。

骑劫和燕军官兵正安心睡觉呢，忽然听到一片喊杀声。还没等他们缓过神来，牛群已经冲了过来。

▲ 战国蟠虺（huǐ）纹长颈铜壶

燕军阻挡不住，营帐也纷纷被点燃。五千名着装怪异的壮士紧随其后，城里的百姓也跟在后头敲锣打鼓，为齐军助威。一时间闹得惊天动地，燕军也没办法弄清到底有多少敌人。燕军原来就听说齐国人有天神相助，乍一看这奇奇怪怪的动物和兵士，还真以为天兵天将杀来了呢。他们不敢抵抗，四散溃逃，慌乱的士卒互相践踏，死伤无数，骑劫也在战乱中惨死。

田单的火牛阵大获胜利，成为中国历史上的经典战例之一。随后他乘胜追击，收复故土。齐军接连取胜，队伍越来越壮大，很快就把以前丢失的七十多座城收复了。将燕军赶出国门之后，田单把齐襄王从莒城接回都城临淄，齐国总算转危为安了！

闯关小测试

1. 吴起没有效力过的国家是（　　）

   A. 魏国　　　B. 齐国　　　C. 楚国

2. 实行"胡服骑射"的是哪个国君？（　　）

   A. 赵武灵王　　　B. 齐威王　　　C. 燕昭王

3. "把十家编成一什，五家编成一伍，互相监视检举，一家犯法，这五家或十家不告发的，就连带治罪。"这是谁规定的？（　　）

   A. 吴起　　　B. 管仲　　　C. 商鞅

参考答案：1.B　2.A　3.C

名士风范

战国时期，各国先后实行变法，经济得到很大发展，思想文化也空前活跃，出现了百家争鸣的局面。

孟子主张仁政，想救百姓于水深火热之中，他想改变这个战乱不断的现实世界。

庄子主张远离政治，追求个人的自由和逍遥，他把人生当作一场梦。

屈原不能忍受理想的破灭，他宁死也不妥协。

苏秦、张仪等纵横家活得最起劲儿，他们凭着三寸之舌走天下，见风使舵，左右着战争的形势。

 冯谖买义

齐国的孟尝君田文出身贵族，家大业大。他喜欢广罗天下英才作为自己的门客，据说他的门客多达三千人。有一次，一个叫冯谖（xuān）的人来投奔他。冯谖穿着破衣烂衫，腰里系着一把没有剑鞘的剑，看上去十分穷酸。孟尝君就问他："既然你来投奔我，那么你有什么本事呢？"

知识链接

狡兔三窟

原指狡猾的兔子会提前给自己准备许多用来逃生的窝。现比喻避祸藏身的地方多或藏身的计划周密。

冯谖可以说是一位高瞻远瞩的战略家。他通过"薛国市义"、营造"三窟"等活动，使得孟尝君的政治事业久盛不衰。

冯谖回答说："我啥本事都没有。"

孟尝君被逗笑了，于是说："那你先在我这里住下吧。"于是让人安排了一间下等房间给他。冯谖天天啥事不干，边弹着长剑边唱歌："剑啊剑，咱们回去吧，这儿吃饭没鱼虾！"孟尝君听说此事后便让人帮他搬到中等房间里住，还给他鱼虾吃。没过多久，冯谖又开始唱歌："剑啊剑，咱们回去吧，这儿出门没车马！"孟尝君知道后又让人给他安排了一套车马。又过了一段时间，冯谖又唱歌："剑啊剑，咱们回去吧，这儿没钱养我家！"孟尝君便担负起了冯谖家中的吃穿用度。

一年后，孟尝君想起来家里还养着一个闲人，于是把冯谖找来对他说："先生，我平日太忙，对您照顾不周，请您多体谅。现在需要有人去薛城收一下债，不知道先生是否愿意替我跑一趟？"

冯谖想都没想就答应了，他问孟尝君："收完债需要买点什么回来吗？"

孟尝君说："您看我家缺什么就买点什么吧。"

冯谖到了薛城很快就收了很多利息，但还有好多人没还上。他们家境贫寒，根本没钱付孟尝君的利息。冯谖了解了情况后就买了一些酒肉，把那些人都叫来吃饭。他先是跟那些能延期交利息的人确定了交付日期，然后又对那些实在穷得还不了的人说："各位，我奉孟尝君之命来收欠款。他心胸宽阔，体恤大家的难处，打算把这些债务一笔勾销！"说完就当着大家的面，一把火烧了那些债券。大家伙听了之后欢呼雀跃，对孟尝君交口称赞，万分感激他的恩德。

孟尝君听到冯谖焚烧债券的消息后气不打一处

来，立刻派人把他叫过来责问。冯谖面不改色地说："我临行之时您嘱咐我买回一些家里缺少的东西。可您这金银财宝、山珍海味啥都有，就是缺少'情义'二字。那些债券对您来说就是九牛一毛，我把它烧了，薛城百姓自此对您感恩戴德，到处颂扬您的美名，这不是为您把'义'买回来了吗？"

孟尝君听了只好认栽，对他说："谢谢啊！"

过了几年，齐湣王听信秦楚两国散布的谣言，觉得孟尝君功高欺主，会对自己构成威胁，于是免去了他相国的职务。孟尝君平日里好吃好喝养着的门客一看主人失了势，跑得比兔子还快，只有冯谖义无反顾地还跟着他。孟尝君在都城待不下去，只得暂时回封地薛城去闲居。他刚到城门口，就看到薛城百姓扶老携幼，对他夹道欢迎。灰心失意的孟尝君看到这场面激动得眼泪都掉下来了。他对冯谖

说："先生替我买的情义，今日我切身体会到了。"

冯谖说："这还不够呢，如今您只有薛城一个栖身之所，这肯定不够。您等着，我一定让您官复原职！"说完，他便去了秦国。

当时，秦国的相国刚刚去世，相位空缺。秦昭襄王一向欣赏孟尝君，他之所以散布谣言也是为了将他逼到秦国来做相国。冯谖深知这一点，他一见到秦王便问："大王有没有听说孟尝君被革职的事呀？"

秦王回答说："听说了。"

冯谖接着说："齐国能有今天的强盛，全是孟尝君尽心辅佐的功劳。可齐王如此无情无义，孟尝君也心灰意冷，满腹怨恨。他在齐国任职多年，对齐国的人事机密了如指掌。要是他能来投奔秦国，大王就可以轻易占领齐国，称霸天下了。您还在犹豫什么呢？晚了齐王可就醒悟过来了。"秦王一听，赶紧派使者带上黄金千斤、彩车百辆去薛城聘请孟尝君。

这时，冯谖又抄近路日夜兼程抢先赶到齐国。见到齐湣（mǐn）王后，冯谖气喘吁吁地说："大王您听说了吗？秦国要把孟尝君接去当相国呀！"

齐王说："没有啊，这是真的吗？"

冯谖接着说："是啊大王，我亲眼看见他们带着彩车百辆，黄金千斤往薛城去了。孟尝君要是真的去了，咱齐国还不得被秦国摁在地上摩擦吗！"

齐王半信半疑，派人去察看虚实。等他得知秦使已经入境之后瞬间慌了手脚，赶忙派人把孟尝君接来重新拜为相国，又给他加了一千户的俸禄。

秦国使者赶到薛城扑了个空，得知孟尝君已经重新成为齐国的相国，只好空手回去了。就这样，孟尝君又在齐国稳稳当当地做了好几年相国。

义士孟子

孟子，邹国人，儒家的代表人物之一，被后世尊为"亚圣"，地位仅次于孔子。但他和孔子的精神气质完全不同，孔子性情温和，不急不躁，而孟子却个性鲜明，从不讨好那些自以为是的统治者。

孟子从小热爱读书，经过艰苦求学最终成为一代大儒，然后开始周游列国推行"仁政"。有一次，孟子正要去朝见齐王，刚出门就碰到齐王派来传话的使者。使者告诉他说："我们大王让我传话，他

▲ "亚圣"孟子

本来打算去拜访你，但不巧感冒了不方便出门。要是你能来朝见，大王可以勉强接见你一下啦！"

孟子一听这话，瞬间不想去了，于是回答说："不巧，刚好我也病了，不能去朝见齐王了。"

然而第二天，孟子就出门到东郭大夫家去吊丧了。他的弟子公孙丑对他说："你昨天托辞有病，今天就出门去吊丧，不太好吧？"

孟子理直气壮地说："有啥不好的，昨天病了，今天好了，为啥不能去？"

孟子虽然是臣子，但却不屈从于君主的淫威，表现出高贵的人格。他曾经说过："富贵不能淫，贫贱不能移，威武不能屈，此之谓大丈夫。"字里行间表现出来的英雄气概溢于言表。

除此之外，孟子还是一位雄辩家。他特别擅长用打比方、讲故事的方式说服对方，令人无力反驳。一次，孟子问梁惠王："用木棒和刀杀人，这二者有什么区别吗？"

梁惠王回答："没区别。"

孟子接着问："那用刀和用政事杀人，有区别吗？"

梁惠王转不过弯，回答说："也没区别。"

这下孟子可抓住把柄了，于是，他滔滔不绝地说："那大王我要问问你，你厨房里有山珍海味，马厩里草料充足，但老百姓却一个个面黄肌瘦，不成人形，田野里到处是饿死的尸体，简直就是把人都去喂了禽兽。禽兽自相残杀尚且让人不忍心看，你作为百姓的国君，却率领禽兽吃人，请问你于心何忍呢！"一番话把梁惠王说的无言以对，满面通红。

还有一次，孟子对齐宣王说："大王，假如您的子民要去楚国办事，把老婆孩子托付给朋友照看。可等他回来的时候发现自己的老婆孩子在忍饥挨饿，您说这样的朋友能要吗？"

　　齐宣王气愤地说："要他干吗，绝交！"

▼ 孟母三迁

孟子接着问："那如果您的官吏未能尽职怎么办？"

齐宣王又干脆地说："撤掉！"

孟子最后发问："那如果国家没有治理好该怎么办？"

齐宣王知道孟子的意思，于是只好左右张望，扯开了这个话题。

孟子善辩，但他不是为了逞能，而是为了传播"仁政"。在著作《孟子》中，他对统治者痛斥其非，为百姓疾苦大声呼吁。虽然同时期的苏秦、张仪等纵横家

同样才华横溢，谋略万千，但他们朝秦暮楚，见风
使舵，所做的一切都是为了封侯拜相。与他们相比，
孟子更像一位心忧天下、胸怀黎民的义士！

隐者庄子

▲ 庄子

庄子名周，宋国人，与孟子差不多生活在同一时
期，是战国时期道家学派的代表人物。他出
生于一个没落的贵族家庭，他不屑做官，蔑视
权贵，鄙视那些做官后就变得洋洋得意的人。
庄子继承了老子的道家学说，并对老子的思想
进行了更加神秘的解释和发挥。他说"道"无
处不在，哪怕再微小的东西也蕴藏着"道"，
而且比天地还要长久。

有一次，东郭子问他："您说的'道'，我越
听越玄乎，您能具体解释一下吗？"

庄子回答说："拣近的说，'道'就在这脚下
的蝼蛄和蚂蚁的身上。"

"这咋可能呢？"东郭子不相信地说。

庄子淡然一笑，接着说："何止啊，连那干瘪
瘪的稻谷、路边的断瓦残砖里也有。"

"啊？！"东郭子惊讶得几乎跳了起来。

庄子又说："恕我直言，连大粪里也有'道'哩！"

这次东郭子不作声了，他觉得庄子肯定在故意
捉弄他。

庄子微笑地解释道："得罪了老丈，您一定以为我刚刚在开玩笑，那真是误会我了！我的意思并不是粪就是'道'，而是通过粪也能反映出'道'。我就以马粪为例吧，在如今这个列国争雄、戎马遍野的时代，无论是山谷、平原还是田野，马粪都随处可见。如果有一天马粪能出现在农田里，而不是乱七八糟地拉在战场上，那么这个世界不就是太平之世了吗？"

东郭子还是没听懂，困惑地直摇头。庄子接着解释道："您想想，要是真的天下太平了，那人们就不必骑着马去战场厮杀，而是赶着马儿去肥田。这马粪不就曲折地反映出这'治乱之道'了吗？"

庄子这一番话如行云流水脱口而出，听得东郭子直点头。他感叹道："真是听君一席话，胜读十年书呀！"

庄子还喜欢辩论，他经常和好朋友切磋学问，讨论问题。一天，他们在濠河边散步。庄子说："你看那条游来游去的鱼多自在啊！它肯定很快乐！"

惠施回怼道："你又不是鱼，怎么知道鱼很快乐？"

庄子反问道："你又不是我，怎么知道我不知道鱼儿的快乐呢？"

惠施接着说："我不是你，我不知道你的想法；可你也不是鱼，你当然也不会知道鱼儿是否快乐。这不明摆着吗？"说完他洋洋得意地看着庄子。

庄子说："那让我们回到最初的那个话题，你问我，'你怎么知道鱼很快乐'，言下之意就是你也

知识链接

惠施过河

惠施是战国著名的思想家，有一次，魏国的宰相去世了，魏王命人请惠施来魏国做宰相。惠施孤身一人，日夜兼程直奔魏国都城大梁，途中有条河挡住了他的去路，他一着急失足掉落水中，眼看就要沉入水底了，幸亏这时一个船家赶来，将惠施从水中救了出来。船家和他聊天，得知他要去魏国做宰相，用轻蔑的口气对惠施说："看你刚才落水的样子，可怜巴巴的只会喊救命，连游泳都不会的人，也能做宰相，真是太可笑了。"

惠施听后，十分生气，他很不客气地对船家说："要说划船、游泳，我肯定比不上你；可是要论治理国家、安定社会，你同我比起来，大概只能算个连眼睛都没睁开的小狗。凫水能与治国相提并论吗？"船家听后哑口无言。

觉得鱼是快乐的，问我是在哪里知道的，而我是在濠水桥上知道的。"惠施听了无话可说。

　　庄子的学问渊博，才华横溢，而且游历诸国，见多识广。楚威王仰慕他的才学，于是派使者带着厚礼去请他做相国。但当时诸侯混战，战争频繁，庄子不屑与统治者同流合污。而且他生性逍遥，崇尚自由，不愿去朝堂之上受约束。于是，庄子对使者说："我听闻楚国有只神龟，死后被楚王珍藏在庙堂之上。你们觉得这个龟是想死后长眠于庙堂呢，还是愿意活着拖着尾巴在泥涂中爬行？"

　　使者回答说："那肯定是活着啊！"

　　"我也是如此，你们回去吧！"就这样，他回绝了楚王的盛情，然后隐居著书，

潜心研究道学，成为道家学派的代表人物之一。他继承和发展了老子的道家思想，与老子合称"老庄"。

◆ 知识链接

纵横家鼻祖鬼谷子

　　鬼谷子是纵横家的鼻祖，生于战国时期，他的思想结集成《鬼谷子》一书，谋略思想十分丰富。孙膑、苏秦、张仪都是他的学生。

张仪折竹

　　张仪小时候曾经替别人抄书，当遇到自己喜欢的句子时就抄在手中或腿上，晚上回家后再折竹刻写，时间长了，就汇集成了册子。后人便用"折竹"或者"张仪折竹"形容某人学习刻苦。

嘴炮张仪

战国时期，纵横家也活跃在历史的舞台上，其中最有名的便是苏秦和张仪。《史记》《战国策》等文献中记载他俩是同学，但经过后世考证，实际上他俩并没有生活在同一年代。但是他们之间的传说精彩纷呈，广为流传，并且具有启发意义。

　　传说张仪是魏国人，他曾经和苏秦一起向鬼谷子学习游说（shuì）之术，学成之后便开始在诸国游说。张仪曾要求见魏惠王，但魏惠王没有理他，接着他又来到楚国，可楚国也没有他的用武之地。楚国相国的门客怀疑他偷了玉璧，还把他痛扁一顿。回到家里，妻子见他的惨样儿之后心疼得落了泪。张仪张开嘴问："快，帮我看看我的舌头还在不在？"

　　妻子回答说："还在呢！"

　　张仪这下放心了，说："舌头在就足够了！"

　　此时的苏秦也忙着四处游说。几年之后苏秦得到燕王和赵王的赏识，仕运亨通，当上了赵国的相国，大力主张游说东方六国合纵攻秦。张仪知道后就去投奔他。原以为苏秦会看在往日同窗的情分拉他一把，没想到苏秦却讥讽他说："哟，这不是才华横溢的张仪吗？咋回事儿啊，怎么沦落到这个地步了？

▲ 战国铜镜

我倒是可以向大王推举你，可这得看你有多少本事了！"张仪不堪羞辱，一气之下去了秦国。

其实，苏秦并不是真的想羞辱他，而是担心他为了蝇头小利就失去斗志，于是用激将法把他逼到秦国，想让他帮忙保住刚刚成立的六国联盟。苏秦偷偷派人与张仪同行，给他安排车马金钱，帮他顺利见到秦惠文王。随后张仪得到秦惠文王的赏识受到重用，被拜为客卿，而那个苏秦派去的人也跟他告别要回赵国。这时，张仪才知道原来苏秦一直在暗中帮助他，因此对苏秦十分感激。

后来，"合纵"政策失败，六国开始互相攻击，秦国的机会来了。公元前313年，秦惠文王准备攻打齐国。但没想到齐国和楚国又结成了一个新的联盟。虽说秦国实力雄厚，但齐国和楚国也是大国，他们联合起来还真不太好对付。秦惠文王找来丞相张仪商量对策，张仪对他说："我有一计能拆散齐楚联盟，只需要我去楚国一趟！"秦惠文王听了马上派他出使楚国。

张仪到了楚国后，楚怀王亲自召见了他。张仪对楚怀王说："臣奉秦王之命特来与贵国结盟。放眼天下，如今只有秦国和楚国实力强大。您与其和弱小的齐国结盟，不如和我们大王联起手来，指点江山，平分天下！"

楚怀王本来就想抱秦国的大腿，如今听了张仪的话更是十分心动。他问："丞相所言可当真？"

张仪正气凛然地回答说："我乃堂堂秦国丞相，说话自然算数。如果大王愿意与齐国断交，秦王就把商於一带六百里的土地献给贵国。"

◆ 知识链接

什么是纵横家？

通过辩才进行政治活动的人称为"纵横家"。纵横即合纵连横，合纵是联合众多弱国攻打一个强国，连横是联合一个强国攻打许多弱国。在历史中，苏秦是合纵派的主要代表，张仪是连横派的主要代表。

▲ 战国白玉谷纹环

张仪献计

楚怀王一听乐得合不拢嘴，当场就答应了他。有大臣极力劝阻楚怀王，让他提防秦王有诈。但愚蠢的楚怀王哪里听得进去，立刻派人去和齐国断交了，还把齐宣王辱骂了一通。这下，齐楚联盟彻底破裂了。接着，楚怀王又派人去秦国索要商於之地。张仪听了假装很吃惊地说："什么商於之地，你们听错了吧？我说的是我的六里封地，可不是六百里商於之地。秦国的土地都是先祖用鲜血换来的，哪能随便送人啊？"

使者哪说得过张仪，只好回国向楚怀王报告，楚怀王这才惊觉自己上了当。他又羞又恼，实在气不过，于是立刻调动十万大军攻打秦国。但此时的楚国已经不是秦国的对手，楚军在战争中一败涂地，连汉中六百里的土地也没保住。楚怀王总算见识了嘴炮张仪的厉害！

 # 屈原投江

屈原是楚国人，贵族出身，与楚王是本家。他从小就表现出极高的政治才能，20多岁的时候就当了楚国的左徒，经常参与政事，拟定法令，接待各国使臣，深得楚怀王器重。当时，各国之间的兼并战争日益激烈。屈原知道，楚国要想活下去，就必须进

屈原

行改革。他的主张触动了那些腐败守旧的贵族们的利益，遭到他们的强烈反对。他们还嫉妒屈原的才能，明里暗里跟屈原作对。

有一次，屈原正奉命起草一份重要法令。刚写完草稿，上官大夫靳（jìn）尚就过来了。他正要抢过去看，屈原赶紧把草稿收起来，说："这只是草稿，还不是成文的法令，谁也不能看！"

靳尚自讨没趣，就灰头土脸地走了。等他见了楚怀王，就开始说屈原的坏话了："大王啊！那个屈原啊，真是太过分了！"

楚怀王奇怪地问："说来听听！"

靳尚说："他不是负责起草法令吗？每次颁布法令之后他就开始到处炫耀，还说这事除了他没人能干得了。"

楚怀王继续问："他还说什么？"

靳尚继续胡编乱造，说："屈原还说大王昏庸无能，鼠目寸光，大臣贪婪自私，愚蠢至极，说要是没他，我们楚国可就完了。"

楚怀王听了信以为真，从此就开始疏远屈原。

当时秦国独大，楚国连吃败仗，一直被秦国欺负。秦昭襄王即位后，不再只攻打楚国，而是采取又打又拉的政策。一次，秦昭襄王热情地邀请楚怀王到武关举行和谈。楚怀王收到信后十分纠结，去吧，怕有危险；不去吧，又怕得罪秦国。于是，他找来大臣商议对策。屈原坚决反对，他说："秦国向来如狼似虎，残暴异常，咱们吃亏可不止一次两次了。

◆ 知识链接

"左徒"是什么官？

左徒是战国时楚国特有的官职，可参与政事的讨论，楚国的春申君和屈原都担任过这个官职。

他们肯定设好了圈套就等大王上钩呢，不能去啊！"

可楚怀王的儿子——时任令尹的子兰却支持赴会，他说："咱们一直以来以秦国为敌，死了多少士兵，丢了多少土地。如今秦国主动提出修好，咋能不去呢？"

楚怀王鬼迷心窍，听从了子兰的建议。结果一到秦国武关就被抓了起来，然后押送到秦都咸阳。秦王逼着楚怀王割地，怀王不肯，于是被软禁起来。一年多后，楚怀王最后客死在秦国。消息传来，屈原悲愤交加。他既感叹楚怀王昏庸无能、客死他乡，又痛恨秦王奸诈凶狠、背信弃义。

在楚怀王被囚期间，楚国太子横被立为国君，他就是楚顷襄王。不过这个楚王跟他父亲一个样儿，也是个不学无术的糊涂虫。他上台后整天吃喝玩乐，对国家大事不闻不问，政权完全操纵在令尹子兰、靳尚手中，楚国国力日微。屈原忧心忡忡，他接连上了几份奏章，希望国君发愤图强，起用贤人，革新内政，抓紧练兵，以报仇雪耻。可这些正确的措施不但被楚王无视，还招来了子兰和靳尚等人的仇视。不久，屈原被栽赃陷害，楚王将他革职，放逐到边疆去了。

在流放途中，屈原依然时刻关心着国家命运，希望楚王能幡然醒悟，将他召回楚国，挽救国家危亡。但日子一天天过去，屈原没有收到任何消息，他的内心悲愤交加，只恨自己无法改变这世道。

一天，他正在河边散步，一个渔夫看到他后说："您不是三闾(lú)大夫屈原吗？怎么沦落到这般田地呀！"

屈原回答说："举世皆浊我独清，众人皆醉我独醒，所以我才被流放啊！"

渔夫

屈原

渔夫又问："既然这样，倒不如随波逐流。"

屈原叹口气说："我宁愿跳进江心，葬在鱼腹，也不愿和那些奸臣同流合污，脏了我身上的衣裳。"说完，屈原便走了。他在流放中接触了很多老百姓，见了太多民间疾苦，对他们深表同情。这也给了他很多灵感，激发他写出许多优秀诗歌，《九歌》《九章》等光辉万古的篇章都是在这段时间写成的。

公元前 278 年，秦国派大将白起带兵攻打楚国，很快占领了郢（yǐng）都，楚国到了生死存亡之际。屈原听到消息后失声痛哭，他不愿看到国家沦丧，百姓被屠，于是在五月初五那天纵身投进汨（mì）罗江滚滚的波涛中。当地老百姓听说这个噩耗后都很悲痛，争先恐后地驶船来打捞屈原的尸体，但最终一无所获。于是，人们把盛在竹筒里的米撒向江面，当作对伟大的诗人屈原的祭祀。

第二年的五月初五，当地的百姓又划船把盛在竹筒里的米撒到江里，以此来表达对屈原的纪念和崇敬。后来，这项纪念活动一直延续下去，并逐渐演变为赛龙船、包粽子，最终成为中国的传统节日——端午节。

神医扁鹊

相传，扁鹊是黄帝时代的名医。到了战国时期，有个叫秦越人的医生，他医术高明，医德高尚，就被赞誉为"扁鹊"而争相传颂，他的真名反倒没人记得了。

扁鹊是齐国人，从小立志学医，年轻时曾云游各地，为人治病，上至庙堂之君，下至乡野村民，全都一视同仁，民间流传着很多关于他治病救人的故事。

有一次，扁鹊到了虢国，来到宫门口。这时，他听说太子刚刚去世，于是急忙打听是什么原因。旁边的人告诉他："太子先是感觉到呼吸不畅，气血不顺，内脏受害，然后突然就气绝身亡了。"

▲ 神医扁鹊

扁鹊又问起病人死于什么时候，有没有收殓。了解清楚详细情况后，扁鹊严肃地说："我是医生，从你刚才说的这些症状可以判定，你们太子没有真死，他下半身肯定还是温热的。你赶紧告诉你们大王，我有办法救活太子。"

国君听说扁鹊来了，亲自出宫迎接。扁鹊来到太子床前为他切脉，又检查了各个部位，然后对国君说："大王，太子的病叫'尸厥'，主要诱因是阴阳失调。不要紧，我有办法救他。"

说完，他开始为太子施诊，用针刺了太子的几个穴位。没一会儿，太子竟然真的苏醒过来。扁鹊又用灸烧燎他的两肋，太子马上就能坐起来了，大家都惊得目瞪口呆。扁鹊又给太子开了几服药，太子服了十多天后，就完全复原了。消息传了出去，虢国人都称扁鹊为神医，拥有起死回生的能力。

扁鹊听了笑着说："我并不能起死回生，只不

知识链接

扁鹊的"六不治"

传说扁鹊看病行医有"六不治"原则：

①依仗权势的人
②贪图钱财的人
③暴饮暴食的人
④病深不早求医的人
⑤不能服药的人
⑥相信巫术的人

过懂点医术而已。主要是因为太子没有真的死去，否则我也无力回天了。"

还有一次，扁鹊去拜见桓公午（即田齐桓公）。他看到桓公午的气色不对，于是坦白直言说："大王，您的身体已经有病了，如果不加治疗就会加重。"

桓公午听了略带愠色地说："我并没有感觉身体不舒服啊，你怎么胡乱说人有病呢？"扁鹊听了便不再说话。

等他走了之后，桓公午还对手下的人抱怨说："这些个医生啊，总喜欢到处显摆自己的医术，没病也要说人有病。"

五天后，扁鹊又见到桓公午，他发现桓公午的脸色更差了，于是着急地说："您的病已经进入血脉了，必须得赶紧治了。"

桓公午又气哼哼地说："我一点事情都没有啊，治什么病！"

又过了几天，扁鹊第三次见到桓公午，严肃地说："大王，您的病已经进入肠胃，再不治就有生命危险了！"桓公午听着烦得很，就不再理睬他了。

扁鹊第四次见到桓公午的时候，只是看了他一眼，啥也没说，扭头就走。桓公午觉得奇怪，于是派人去问他原因。

扁鹊说："大王的病一开始只是在皮肤上，后来发展到血脉，又进了内脏。这些都好办，用热敷、扎针、吃药的办法就可以治好。但现在他的病已进入骨髓，我也无能为力了。"说完便离开了齐国。过了几天，桓公午果然突然发病，没几天就死了。

▼ 药碾子

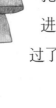

扁鹊晚年的时候曾到秦国行医。秦武王想请他为自己看病，可秦国医官李醯（xī）对扁鹊的医术非常嫉妒，怕他给国君治好病后会影响自己的声誉和地位，于是派人去刺杀扁鹊。

没想到一生致力于救死扶伤的一代名医，竟然死在了自己的同行手里。

扁鹊医术高超，代表了春秋战国时期最高的医疗水平，也奠定了我国传统医学的基础。一直到今天，望、闻、问、切四种诊断方法以及针灸、汤药等仍然是中医诊治的基本手段。

● 知识链接

扁鹊重视疾病的预防

扁鹊十分重视疾病的预防。从他与桓公午的对话来看，他之所以多次劝说及早治疗，就是有防病于未然的思想。

他认为只要预先采取措施，就能将疾病消灭在萌芽阶段，并彻底治好。

闯关小测试

1. 以下不属于战国四大公子的是（　　）

   A. 孟尝君　　B. 春申君　　C. 马服君

2. 说出"民为贵，君为轻"这句话的是谁？（　　）

   A. 孔子　　B. 孟子　　C. 庄子

3. 中国的传统节日端午节是为了纪念谁？（　　）

   A. 介子推　　B. 屈原　　C. 比干

参考答案：1. C　2. B　3. B

秦灭六国

偏居西部的秦国，相继出现了几位英明有为的君主。先有秦献公的稳扎稳打，接着是秦孝公任用商鞅主持变法，国势日强。

在秦国对其他六国构成严重威胁的时候，这六国却各打自己的小算盘，在连横与合纵之间徘徊不定，终于坐失良机。

进入战国末期，秦国形成一枝独秀之势，统一天下只是个时间问题。

面对强敌的压迫，六国也有很多人不愿屈服。蔺相如面斥秦王，廉颇忠勇守国，信陵君窃符救赵，荆轲悲壮地出发刺杀秦王。

完璧归赵

公元前283年，赵惠文王得到一块十分稀有的玉璧，名为"和氏璧"，它通身剔透玲珑，晶莹光洁，是天下无双的宝物。秦昭襄王听说了之后便想占为己有，于是他对赵王说自己愿意用十五座城来换这块玉璧。

赵惠文王十分为难，因为秦国是出了名的虎狼之国，向来不讲信用。给他吧，怕是玉城两空；不给吧，又怕惹恼秦王。他找大臣们来商议，大臣们议论纷纷，说啥的都有，一时也决定不下来。这时，一个叫缪贤的宦官对赵惠文王说："大王，我有个门客叫蔺（lìn）相如，有勇有谋，我觉得他应该有办法。"

赵惠文王听了赶紧召见蔺相如，问他："先生，依你之见，我是该换还是不该换呢？"

蔺相如回答："秦强赵弱，不能不换。"

赵王又问："那要是秦王耍赖不给我们城怎么办？"

蔺相如说："秦王愿拿十五座城换玉璧，如果咱们不答应他，理亏的是咱们；如果玉璧给了秦王，秦王不讲信用的话，错就在他啦！权衡之后，我觉得还是答应为好。我愿意前往秦国去送玉璧，假如秦国真的把十五城交了出来，我就把玉璧留在秦国，否则我一定把玉璧完整无损地带回赵国。"赵惠文王听到后立刻拜蔺相如为大夫，让他带着和氏璧出使秦国去了。

蔺相如到了秦国之后，秦昭襄王立刻接见了他。蔺相如把玉璧小心翼翼地呈了上去，秦王接过来一看，只见玉璧洁白无瑕，光亮透明，果然是个宝贝。他翻来覆去地欣赏了好半天，又让身边的大臣也相互传阅，但就是绝口不提换城的事。

蔺相如知道秦王没有交出十五城的诚意，于是走上前去，说："大王，其实这玉璧上有一点小瑕疵，

缪贤为什么推荐蔺相如

缪（miào）贤是赵国的宦官，深受赵王的宠信，家里养了许多门客。

有一次，缪贤犯了罪，怕赵王怪罪，就打算偷偷逃到燕国去，他的门客蔺相如阻拦他，说："您了解燕王吗？"缪贤说："我曾经随大王在国境上与燕王见过面，燕王私下握住我的手，说'愿意跟您交个朋友'。因此我就想往他那里去。"

蔺相如说："赵国强大，燕国弱小，而您受赵王的宠信，所以燕王想要和您结交。现在您逃出赵国去燕国，燕国怕赵国，这种形势下燕王必定不敢收留您，而且还会把您绑起来送回赵国。我看您不如脱掉上衣，露出肩背，伏在斧刃之下请求治罪，这样也许能侥幸被赦免。"

缪贤听从了他的意见，果然得到了赦免，因此缪贤觉得蔺相如是一个人才。

我来指给您看。"秦王信以为真，就把玉璧交给了蔺相如。

蔺相如一拿到玉璧就往后退了几步，来到柱子旁边。他怒气冲冲地对秦王说："和氏璧是天下无双的宝贝，大王您说愿意用十五座城来交换，我们大王诚意十足，专程派我来送玉璧。可您接见我之后不但态度傲慢，拿到玉璧之后竟然随便传阅。可见您根本没有交换的诚意。普通百姓都讲信义，何况是如此泱泱大国？所以，我把这玉璧要了回来。请您不要逼我，否则我就算和这玉璧一起粉身碎骨，也不会让您得到它！"

说着，他就举起玉璧假装要摔在柱子上。

秦王可舍不得这绝无仅有的玉璧，连忙说："大夫别急嘛！我怎么敢对贵国不讲信用。来人，把地图拿过来，我给大夫指一下那十五座城池！"蔺相如知道秦王只是演戏给他看，并不是真心实意，最好还是拖上一拖，再想办法应付。他就对秦王说："和氏璧是世间珍宝，我们赵王在送出玉璧前整整斋戒了五天，还隆重举行了欢送玉璧的仪式。大王若是真心喜欢玉璧，也应该斋戒五天，然后举行受璧仪式。否则我不会把玉璧交上去的。"秦王无奈，只好答应了他。

蔺相如拿着玉璧到会馆休息，他知道秦王诡计多端，假如他拿了玉璧以后就是不给城，赵国拿他也无计可施。稳妥起见，他派一名随从人员化装成穷人，然后把玉璧偷偷带回赵国去了。

五天以后，秦王召集大臣以及各国使臣一起来参加受璧仪式，想借此机会显摆显摆。蔺相如慢悠悠地走上殿来，秦王看他两手空空，连忙问道："我已斋戒五天，大夫为何还不呈上玉璧啊？"蔺相如如实回答说："大王，恕我直言，贵国从穆公以来

前后有二十多位君主，没有一个遵守信用。我看大王并不是诚心交出十五城，所以已经派人把玉璧送回赵国了。请您治我的罪吧！"

　　秦王一听知道自己被耍了，勃然大怒，下令将他抓起来。但蔺相如面不改色地说："大王息怒，让我把话说完。当今秦国独大，哪个国家都不能与您抗衡。大王若是真心想得到玉璧，不妨先割给赵国十五座城。然后您只需派一名使者和

我一同去赵国拿回玉璧即可。赵国得了十五座城，绝对不敢说话不算数，更不敢因为一块玉璧得罪您。我欺骗了大王，没打算活着回赵国，赵王已经收到了我的书信。请您杀了我吧，让各国知道秦王为了一块玉璧而斩杀使者，看看大家究竟会怎么看待秦国。"

秦国君臣听了这番话后目瞪口呆，面面相觑，半天说不出话来，各国使臣也都替蔺相如捏了一把汗。秦王无奈，只好说："算了算了，就是杀了他也得不到玉璧，反而破坏了两国关系，不值得。"秦王对蔺相如以礼相待，并把他送回赵国。后来，秦国果然没舍得把十五座城给赵国，赵国自然也保住了玉璧，事情就这样不了了之。蔺相如不辱使命，完璧归赵，回到赵国后便得到重用。

知识链接

和氏璧的故事

楚国有个叫卞和的人，有一天，他在山谷内发现了一块质地不同的石头，当即判断这是一块美玉，并用了很长时间将它挖了出来。他把这块石头献给了楚厉王。

楚王并没有看出这是一块美玉，认为卞和在戏弄他，于是命人砍了卞和一条腿。

过了几年，楚厉王去世，楚武王即位，卞和又去献玉，楚武王也认为这只是块石头，结果卞和另一条腿也被砍掉了。

卞和失去了双腿，但他并没有放弃。后来，卞和听说楚武王去世了，楚文王即位，便又去献玉。楚文王被他的诚心打动，命工匠精心雕琢，发现这果然是块宝玉。楚文王感念卞和刚强不屈、坚韧不拔的精神，将这块玉命名为和氏璧。

负荆请罪

过了三四年，秦昭襄王派使者邀请赵惠文王到渑池（今河南省渑池县）相会。赵王不知秦王安的什么心，不敢前去。蔺相如就劝赵王去赴约，免得被秦国看不起。他表示愿意陪赵王同去。同时他请大将廉颇在边境驻守，以防不测。

在这次会见中，幸亏有蔺相如在，赵王没吃什么亏。秦王本来想趁赵王不在国都的时机发兵攻赵，可是得到密报说，赵国早已派了大军在边界上严阵以待，秦王暗想：赵国文有蔺相如，武有廉颇，一时还真不好对付啊。于是秦王假惺惺地与赵王约为兄弟，互不侵伐。又怕赵国不相信，表示要把自己的孙子子楚送到赵国去做人质。他这样做是想暂时稳住赵国，腾出手去攻打别的国家。

赵惠文王回国以后，对蔺相如更加信任，认为他的功劳很大，拜他为上卿，地位在廉颇之上。这可引起了廉颇的强烈不满。廉颇生气地说："我是赵国的大将，攻城略地，出生入死，立了多少功劳！他呢，靠着一张嘴，就爬到我上面来了。"廉颇公开扬言：只要碰到蔺相如，非给他点颜色看看不可！这些话传到蔺相如耳朵里。每逢上朝的时候，蔺相如就装病，不去上朝，免得同廉颇碰面。

蔺相如手下的一些门客对主人很失望，认为他胆子小，不像个大丈夫，都提出告辞。蔺相如拉他们坐下来，心平气和地说："诸位看廉将军同秦王，哪个厉害呀？"门客都说："当然是秦王厉害了。"相如说："秦王尽管有那么大的威势，我蔺某人都敢在大庭广众之下当面斥责他，侮辱他的群臣，我怎么会单单害怕廉将军呢？"门客们都不作声，蔺相如接着说，"我之所以躲着廉将军，是考虑到秦王不敢侵犯赵国，不外是由于有我们两个文武能人在。两虎相斗，必有一伤。秦国如果知道我们俩发生冲突，必定要钻空子侵犯赵国。我这样做，是把国家利益放在第一位，哪儿是怕廉将军呢？"众门客听了都很感动，

▲ 战国秦时期铜手钳

更加钦佩蔺相如的为人了。

　　这些话传到廉颇耳朵里，使他非常惭愧。他不安地说："蔺相如品德高洁，我比他差远了。"于是他打着赤膊，背上荆条，直奔蔺相如府上去请罪。一见蔺相如，廉颇就抱歉地说："我是个粗人，气量狭窄，没想到您那样宽宏大量，实在对不起您啊！"说着，跪倒在地。相如连忙把他搀了起来，说："我们俩都是国家的大臣，一起为国家出力，将军能体谅我的苦心，我就很感激了，哪里还要您道歉呢？"廉颇感动得直流眼泪，蔺相如也哭了。

从此以后，两人成为生死与共的知心朋友，共同为赵国出力，使秦国长时期不敢来侵犯赵国。

触龙劝太后

公元前266年，赵惠文王去世，他的儿子丹即位，即赵孝成王。孝成王年幼，大权实际掌握在他的母亲赵太后手中。不久，秦国乘赵国新君初立，出兵侵犯赵国，接连攻下三座城池。赵国形势危急，只得向齐国求救。齐国说出兵可以，但要把赵王的弟弟长安君送来做人质才行。做人质都是有一定风险的，一旦两国关系破裂，人质的生死就难以预测。长安君是赵太后的小儿子，赵太后平日里最疼爱他，自然不愿意让他去冒这个险。眼看秦军一天天逼近，战事越来越吃紧，大臣们如热锅上的蚂蚁，但又想不出别的办法，只好轮番去劝说太后。太后被惹恼了，气呼呼地说："我是绝不会同意把长安君送到齐国的，谁再来劝我，我就杀了他！"就这样，谁都不敢再提这件事了。

左师触龙得知情况之后就去求见赵太后，他上了年纪，腿脚也不好，一瘸一拐地走到太后跟前说："老臣腿脚不便，好久没来看您，请您见谅。这些日子您身子骨还好吧？"

太后本以为他也是来劝说自己的，怒气冲冲地打算给他点颜色看看，没想到他问起了家常。太后

▲ 战国时期铜锯

回答说："还行，身体还过得去。"

触龙又问："饭量怎么样？"

太后说："平日里喝点粥。"

触龙说："老臣有时候不想吃饭，就逼着自己多去遛遛弯，散散步，才能吃下去一些，身体也觉着舒服些了。"

太后说；"我都这把老骨头了，可走不下来啊！"两人就这样扯起了家常，太后慢慢就没那么生气了，脸色也开始平和起来。

接着，触龙话锋一转，对太后说："老臣有个儿子叫舒祺，他年纪最小，随性贪玩，不太成器。我年事已高，帮衬不上他了，可心里偏偏最疼这个小儿子。太后，恕我冒昧，以后他能不能跟在您身边做一名卫士呢？"

太后回答说："我可以照办，您儿子几岁了？"

触龙说："十五了！有太后这句话，我就算死也瞑目了。"

太后颇感兴趣，于是问道："怎么，你们男人也这么疼爱自己的小儿子吗？"

触龙说："怕是比妇人还疼爱小儿子呢！"

太后笑了，说："不能这样说吧？我对我们家小儿子甚是疼爱呢！"

触龙说："这恐怕不见得，比起长安君，我觉得太后对燕后（赵太后嫁到燕国的女儿）要更加疼爱。"

太后听了不以为然，说："那您可错了，我疼长安君远超过燕后啊！"

▲ 战国时期铜勺

触龙说："我看不见得吧，父母之爱子女，则为之计深远。当年燕后出嫁的时候，您想到燕国路途遥远，心里难过，一直送她上车，还抱着她的脚哭。等她走了以后，您又时常念叨她，祝愿她子孙世代都能做燕国的君主。难道您替她思虑得还不长远吗？"

　　太后听了若有所悟，说："你说的倒也对！"

　　触龙接着说："赵家立国至今已有二百余年，太后您想一想，除了最近的三代，曾经的赵家子孙还有谁把爵禄一直继承到了今天？"

　　太后说："这确实没有。"

　　触龙又问："那其他国家呢？"

　　太后说："也没听说过。"

触龙说："太后您想想，那些子孙继承父辈传下来的爵位，拿着丰厚的俸禄，却没立过什么功勋，也没有为国家做出多少贡献。他们大权在握，但既没能力，也没经验，所以他们的地位往往很不稳固，说不定什么时候就遭到攻击，给自己惹来杀身之祸且不说，还会累及子孙。因此，过去那些赵家子孙的爵位都传不到现在。如今太后疼爱长安君，封他最肥沃的土地，最崇高的地位，但却不趁现在让他为国家建立功勋。倘若您百年之后，无法再为长安君谋划，他又凭着什么功劳在赵国站稳脚跟呢？所以我才说太后没有为长安君做长远打算，爱他不如爱燕后呀。"

听了这一番话，赵太后幡然醒悟，忙说："您说得对，就由您来安排长安君的去留吧！"

随后，赵太后为长安君准备了厚礼，送他到齐国去做人质。齐国见到长安君后马上出兵援救赵国，秦国见状只好撤军，赵国之围就此解除。

▲ 战国时期虎斑纹十字形铜戈

长平之战

公元前 270 年，范雎（jū）被秦昭襄王任命为客卿，参与国家大事。范雎是一个很有战略远见的人，他主张"远交而近攻"，先攻灭邻近的韩、魏等国家，同时和离秦国比较远的大国搞好关系，如齐国等。这个战略深受秦昭王的赞同。

公元前 262 年，范雎派兵攻下了韩国的野王（今河南沁阳），韩国被切成两半，一边是本土，一边是孤零零的上党郡。韩桓惠王震怒，但韩国哪里打得过强大的秦国，他一时也无计可施。想来想去，最后他决定把上党献给秦国，以此向秦国求和。但上党郡的郡守冯亭是一个有骨气的人，他不愿意投降秦国，于是私自和赵国联系，想把上党让给赵国，然后与赵国联合，一起对付秦国。

赵孝成王得知消息后大喜过望，立刻派兵去接收上党。秦昭襄王眼看到手的肥肉被抢了，哪能就此罢休。他立刻派出大将王龁（hé）领兵攻打上党，赵国兵少，抵挡不住，于是退到长平（今山西高平西北）驻扎下来。

赵王听说前线战事吃紧，于是赶紧派老将廉颇带领大部人马赶去支援。由于秦军远离国土，想速战速决，因此一上来就展开猛攻，取得了首战的胜利。廉颇身经百战，经验丰富，他在首战失利后决定采取以逸待劳的战术，避免和秦军作战，企图用时间拖垮秦军。转眼间，秦赵两军在长平对峙了三年，一直没有分出胜负来。

秦军远道而来，经不起持久战的消耗，渐渐有些支撑不住。秦昭襄王心急如焚，他让范雎赶紧想想办法，早点把这场仗打完！可廉颇非常了解秦军的心理，只是一个劲地坚守，根本不出兵，弄得秦军进退两难。

为了尽快决战，范雎想出了一个反间计。他派人到赵国散布谣言，宣称廉颇年老昏聩，不足为惧，

▲ 赵奢"狭路相逢勇者胜"

赵奢是战国时赵国名将。公元前 269 年，秦军猛烈地攻打赵国的阏（yān）与，赵国的诸位将领顾忌相距太远，并且道路艰险难走，都不愿领兵往救，只有赵奢认为这种战势就像两只老鼠在狭小的老鼠洞内相遇，勇敢的一方才能够获胜。赵王便命他出兵相救。

果然，赵奢大破秦军，解阏与之围而还，赵王赐号马服君，与廉颇、蔺相如同位。

◆ **知识链接**

客卿

战国秦、齐、燕、赵等国都设置了"客卿"这一官位，专由别国人担任，地位是卿，以客礼相待，因此得名。

真正使秦军惧怕的是名将赵奢之子赵括。他还贿赂赵王身边的人，挑拨赵王和
廉颇的关系。赵王本来就对廉颇坚守不出的战略不满，对廉颇逐渐丧失耐心，
听了话后便不顾众臣的反对撤掉廉颇，改任赵括为主帅。秦王得到消息后大喜
过望，赶紧任命名将白起为秦军上将，改任王龁为偏将，又增派了大量的援兵

去迎击赵军。

赵括从小熟读兵书，谈起军事来旁征博引，滔滔不绝，看上去很懂的样子！但他年轻气盛，心高气傲，而且没有什么实战经验，只会纸上谈兵。他一到长平，就改变了廉颇的部署，撤换了一批不听话的将领，然后召集主力部队与秦军展开决战，企图打垮秦军，建立战功，报答赵王的知遇之恩。

白起知道赵括年轻气盛，骄傲轻敌，于是他使用诱兵之计，先是佯装败退，把赵括引诱到秦军的营垒附近。然后派两支精兵从侧面迂回到了赵括的后面，切断了他们的退路。

接着，他又派了五万精兵去攻打长平大营。此前廉颇曾在这里设下了严密的防御工事，但赵括认为这些防御工事完全没有必要，是在向敌人示弱，因此一到长平就给拆了。现在长平大营一览无遗，主将又被围困在外面。就这样，廉颇坚守了三年的大营就被秦军轻而易举地攻破了。

这时，秦军的精锐骑兵轮番突袭赵括，打得他们无力还击，只好就地安营扎寨，被秦军团团围住。秦王得到消息后非常高兴，他亲自来到河内（今河南沁阳），把当地15岁以上的男丁征募起来组成军队，然后开往长平东北的高地，切断了赵国为前线供应粮草和救援的道路，将赵括彻底孤立。

就这样，40多天过去了。赵军的粮食早就吃完了，将士们全都饥饿难耐，甚至发生了人吃人的惨

▲ 战国人擎灯

剧。为了突围，赵括将军队分成四队轮番冲杀，但都没有成功。赵括没有办法，只好亲自率兵强行突围，结果刚一出阵，就被秦军的乱箭射死在了战场上。主将都死了，这还打个啥，于是四十多万赵军不再抵抗，全部投降。

这可给白起出了难题，毕竟四十多万人都需要吃饭，就算秦军不吃不喝也供不上啊！但要是放他们回去，这一仗就白打了，几年来的心血付诸东流。为了彻底摧毁赵国的战斗力，白起狠下心，仅仅释放了 240 个年幼的战俘，其余则全部活埋！

经此战役，赵国元气大伤，再也没有力量与秦国抗衡。而秦国却进一步增强了国力和威势，其统一中国的步伐再也无法阻挡！

白起之死

长平之战后，白起带兵乘胜攻打赵国邯郸。在秦国咄咄逼人的攻势下，韩国和赵国应对乏力，十分恐慌。他们派了一个叫苏代的说客带了重礼去秦国游说秦国宰相范雎。苏代见到范雎后对他说："白起已经擒杀了赵国大将赵括，是吗？"

范雎回答说："是。"

苏代又问："那秦军下一个目标是赵国的都城邯郸？"

范雎又答："是。"

苏代接着说："等赵国一亡，就没什么能阻挡秦国统一天下的步伐了。白起攻下了七十多座城池，这样的功勋甚至不逊色于周朝宰相周公。等秦国统一天下后论功行赏，白起自然是大秦第一功臣，职位肯定比你高，你当真甘居其下吗？"

范雎说："你说得有理，白起这家伙本来就有点盛气凌人，到时候肯定更加目中无人。但现在秦王对他十分信任，我能有什么办法啊？"

苏代说："现在天下人对秦国又惧怕又仇视，假如赵国被灭，赵国北部的百姓肯定会逃往燕国，东部的百姓会逃往齐国，南部的百姓会逃往韩魏两国，最后真的愿意服从秦国的百姓根本没剩多少。倒不如就此停止进攻，不要让白起建立更大的功勋，同时还能逼韩赵割让土地来讲和，对秦国的实际利益也无害，一举多得呀！"

范雎觉得有理，便对秦王说："现在赵韩坚守，战争不知道还要打多久。而秦国军队已经连年征战，人困马乏，再这样下去恐怕会对秦军不利啊！不如让韩、赵两国割让一部分土地来讲和，也让咱们的士兵休息一下。"秦王听从了范雎的意见，向韩、赵两国索要了七座城池，然后下令撤兵。此时白起正在率军攻城，准备借助长平之战的余威一举灭了赵国。接到命令后，白起百般不愿撤兵。因为他知道此时一旦撤兵，往后再攻打邯郸就难上加难！但他不敢违抗君命，只好带兵回国。后来，他听说了这件事，对范雎十分不满，从此跟他有了隔阂，并且不愿再带兵攻打邯郸。

公元前 259 年，秦王决定再次出兵攻打赵国。但白起正好患病，秦王只好派大将王陵代替他。次年开春，王陵开始进攻邯郸，但一直没有什么进展。秦国又派军增援，但王陵仍然连吃败仗，损兵折将。秦王不满，想派白起去替代王陵。

白起虽然已经痊愈了，但他觉得攻打邯郸的最好时机已经错过，再去不过是送人头罢了。于是他对秦王说："邯郸易守难攻，而且各国都在派兵援救赵国。虽然秦国取得了长平之战的胜利，但我军士兵也死伤过半。国内的国库又不充足，此时再跑到千里之外攻打别国，实在不是明智之举，秦军很可能会陷入腹背受敌的困境。"

但秦王不听，仍然下令白起出征。白起也是个倔脾气，他认定的事怎么也不会改，死活不肯起程。秦王又让范雎去请他，白起还是推辞不去，并且向秦王告了病假。秦王无奈，只好派了其他人去前线代替王陵统兵。秦军围攻邯郸八九个月，依然毫无进展。此时，楚国和魏国的几十万联军赶到邯郸援救赵国，开始对秦军进行包围。秦军腹背受敌，损失惨重。

消息传回秦国后，白起便对别人说："唉，当初大王不听我劝，看看如今的结果怎样？"

有好事者把这话告诉了秦王，秦王一听气得不行，他觉得要是白起答应出征事情就不会这样。他马上对白起下了最后通牒，命他即刻上任赶赴前线，稳定战局。白起也轴，铁了心就是不接诏书。秦王忍无可忍，下令削去白起武安君的爵位，将他贬为庶民，让他立刻离开咸阳，迁往阴密（今甘肃灵台西）。

白起以为自己曾经立下那么多战功，秦王一定会留情面的。没想到，秦王竟然如此对待他，他一面走一面嘟囔着说："都说狡兔死，走狗烹，可如今这狡兔还未死光，我这条走狗就要被烹了！"

有人又将这话传给了秦王，范雎乘机落井下石，对秦王说："大王，白起是一代名将，论领兵打仗无人出其右。他此时对秦国心怀不满，若被

《白起》

宋朝人徐钧曾写诗悼念
白起：

投降赵卒本求生，

坑后谁人不死争。

三召三辞宁自刭，

邯郸料不再长平。

其他诸侯拉拢过去，秦国可就完了呀！"秦王脸色骤变，惊出一身冷汗！他马上派人带着一把宝剑追上白起，赐他自尽。

白起是一代名将，秦国功臣，但却成了权力斗争的牺牲品，最后被迫自杀，实在是可悲可叹！

窃符救赵

公元前 259 年，赵国约定割让六座城池给秦国，事后却反悔了，秦国一怒之下决定再次攻打赵国。秦军将赵都邯郸团团围住，赵国的平原君为了解邯郸之围，奉命向魏、楚两国求救。平原君先是给魏国的魏安釐王和信陵君写信求救。信陵君是平原君的小舅子，他收到姐夫来信后自然着急，三番五次请求魏王出兵。魏王听得耳朵都起茧子了，于是派老将晋鄙率领大军去救援赵国。秦王知道后就派使臣警告魏国，说谁要敢救援赵国，就是跟我秦国过不去，等我拿下邯郸，下一个就收拾他。魏王听了吓得腿都软了，他不敢明着和秦国作对，于是传令晋鄙停止前进，驻守待命。

平原君左等右等都没等来援军，以为信陵君不讲信义，于是写信责备他："我一向佩服公子人品，所以才同公子结为亲戚。可如今邯郸危急，魏国却袖手旁观。试问假如赵国落入秦国手中，魏国还能长久吗？就算公子不在乎我的生死，难道你就忍心让你姐姐成为秦国的俘虏吗？"

信陵君两边受气，十分委屈。他只好再次去请求魏王出兵，还专门找人去向魏王陈说利害关系。可是魏王被秦王吓破了胆子，始终不肯答应。信陵君心想：算了，干脆自己上吧！于是，他带着一千多名门客和 100 多辆战车开赴邯郸，准备去解救赵国。

部队经过城门的时候，信陵君向守门的老者侯嬴道别。侯嬴虽然地位不高，但他讲究信义，德高望重，远近闻名。以前，信陵君听说了侯嬴的名声，便主动放下架子与他结交。这次，信陵君把自己的打算跟侯嬴说了之后，老人只是淡淡地说道："公子保重啊！老朽年老力衰，不能同公子上战场了！"

信陵君告别侯嬴后继续上路，可他越走越觉得不对：想来自己待侯嬴也算情深义重，今天得知我要去赴死，却连一句好话都不说，这是咋回事呢？是不是我做得不对？想到这些，他便掉转车头，回了城去问侯嬴。

等他回到城门口后，侯嬴还在那里等候。见了他就说："我早知道公子会回来的，您平日待我恩重如山，如今生离死别，我却不肯送一送公子，您心里肯定充满疑惑，一定会回来问清楚的。"

信陵君十分佩服，说："先生真是料事如神。既然您料定我会回来，请问您有什么要赐教的吗？"侯嬴把信陵君单独叫到一间小屋里，悄悄对他道："公子，我记得您跟如姬有过往来。当年她父亲被害，请大王给她报仇，可事情过去三年都没捉到凶手。后来，还是公子的门客杀了她的仇人，把人头送给了她。如姬因此一直对您心存感激，想要报答公子。现在大王最宠爱如姬，公子倒是可以请如姬帮您一个忙。"

信陵君不解，问："她能帮上什么忙呢？"

侯嬴缓缓说道："公子啊，您带这一千多人去救赵国，无异于杯水车薪，还不够人家秦军塞牙缝呢！而晋鄙就带领十万人马驻扎在赵魏边界上，只有调动这十万大军才能解赵国之围！"

信陵君道："可调动军队需要虎符，现在虎符一半在晋鄙那里，一半在大王手里，我没办法呀！"

侯嬴说："如姬与大王朝夕相处，从他那里偷个虎符应该不是难事。现在情况危急，也顾不上那么多君臣之礼了，否则赵国就没救了。"

信陵君还有一点担心，说："万一晋鄙见了虎符还是不听调动怎么办呢？"

侯嬴回答说："我早料到了，我可以让我的朋友朱亥与您一同前往。他武功超群，力大无比，用的兵器是一柄40多斤重的大铁锤。到时候如果晋鄙听令就算了，否则就一锤打死！"

信陵君觉得此计可行，于是悄悄把这件事拜托给了如姬。没多久，如姬果然把虎符偷了出来。信陵君赶紧拿着虎符，带上朱亥，连夜赶往魏军军营。见到晋鄙后，信陵君对他说："将军您一路奔波，辛苦了！大王派我来接替将军，请您回国休息。"

晋鄙接过虎符进行核验，发现是真的。但他又觉得事情不太对：自己明明一切听从指令，没犯啥事儿啊，为啥突然被撤了呢？而且这个信陵君也没有信函，空口白牙就要我回国，说不定其中有鬼啊，还是先找大王问清楚比较好。于是他对信陵君说："请公子等个几天，让我清点一下军队的名册再移交兵权怎么样？"

信陵君一听急眼了："你这人怎么这么磨叽？我奉命率军去救赵国，邯郸危在旦夕，日夜兼程赶过去都不知道来不来得及，你还要清点个鬼名册啊！"

◆ 知识链接

侯嬴试探信陵君

侯嬴当时已经七十岁了，却还只是一个看城门的小吏，但是与他交往过的人都很佩服他的智谋。

信陵君听说侯嬴这个人后，便带着贵重的礼物亲自去拜见他，侯嬴竟然不收礼物，这使得信陵君对他非常钦佩。

有一天，信陵君宴请很多知名人士，大家都坐好后，他亲自驾车去请侯嬴，侯嬴也毫不客气地上车，让信陵君驾车。走到半路，侯嬴下车和他的朋友朱亥谈了好久，并且也让朱亥一起参加宴会，信陵君驾着马车将他们送到地方。门客看到侯嬴和朱亥如此无礼，都很恼怒，只有信陵君毫不生气，侯嬴说："我这么做，是看看信陵君是否真的礼贤下士，今天一看，果真如此。"

◆ 知识链接

邯郸之战的影响

邯郸之战最终以秦军大败收场，使得秦国想要一举灭亡赵国的企图破灭。邯郸之战后，赵国、楚国、魏国、韩国重新组成合纵联盟，一同抗秦，使得秦国不得不重新调整策略，从而推迟了秦国统一六国的步伐。

晋鄙道："请公子谅解，这么大的事儿还是要先禀告大王一声才行嘛，况且……"没等他把话说完，朱亥就喝道："不遵从大王命令者就是叛贼！"说完便抢起大铁锤砸向晋鄙的头，晋鄙闪躲不及，当场毙命。

信陵君手持虎符对周围的将士们大声说道："将士们，大王命我代替晋鄙领兵救援赵国。他不听军令，按罪当诛。大家不要惊慌，听我指令，立刻随我赶赴邯郸！"

信陵君带着十万大军赶到邯郸，秦军没料到魏军还敢来支援，一时措手不及。而邯郸城里的平原君听到消息后也趁机率军出击，再加上楚国的救兵，内外夹攻，使秦军腹背受敌，死伤过半，只好退兵。在信陵君的努力下，邯郸之围终于解了！

毛遂自荐

战国时期，四大公子闻名于世：齐国有孟尝君田文，赵国有平原君赵胜，魏国有信陵君魏无忌，楚国有春申君黄歇。他们出身高贵，礼贤下士，善待宾客，广罗人才，举世闻名。

上一篇故事讲到平原君向魏国求救，同时，赵王也委任平原君出使楚国，说服楚王合纵抗秦。平原君为了保证完成任务，决定从门客中挑选二十位人才一起出使楚国，可挑来挑去，只选出十九位。

这时，一个叫毛遂的门客走过来对平原君说："听闻公子选拔与楚合纵的门客未满，我愿充任一个。"

平原君对毛遂没啥印象，于是问："先生，您到我门下做食客几年了？"

毛遂回答说："三年了。"

平原君笑着说："有才之人在世如同把锥子放进布袋里，它的尖马上就会露出来。如今您到我门下已有三年之久，我从未听到有人称颂您的才能，也对您没一点印象，这说明您不是什么有才之人，还是留下来吧！"

毛遂说："臣今日不正是请您把我放进布袋里去吗？要是这样做，我早就扎破布袋，整个露在外面了，何止一个锥尖。我缺少的只是一个入

▲ 战国彩绘陶瓶

平原君

毛遂

世的机会罢了！"那十九个人听了差点笑出声，但平原君觉得他出言不凡，便同意带着他一块去楚国。

到了楚国后，平原君上去和楚王商谈合纵之事。两个人从早上就开始说来说去，到中午都没个结果。毛遂按捺不住了，便手按剑柄走上台阶，对平原君说："合纵的利弊两句话就能说清楚，为何现在说了半天还没有结果？"

楚王问平原君："这是什么人？"

平原君回答说："大王，这是我的门客。"

楚王呵斥道："我正在和你主子谈事情，你一个小小的门客，上来干什么？"

毛遂面无惧色，按着剑走上前说："大王之所以敢高声呵斥我，不过是因为楚国兵多势大。可如今我离您只有不到十步之遥，只要是我想杀您，纵使您有千军万马又能怎样？我听说商汤起初只有七十里土地，而文王使诸侯称臣时也不过只有区区百里疆土。他们都不是靠兵多势大成功，而是将自己的优势发扬光大，这就是他们的高明之处。楚国疆域广阔，人多势众，有五千里土地，百万精兵。这些都是足以称霸的资本，放眼天下哪个是您的对手？可如今秦将白起带着那么几万人就过来攻打楚国，先是夺了鄢（今湖北宜城）、郢二城，又放火烧了夷陵（今湖北宜昌东南），最后还毁了楚国宗庙，使您的先人受辱。这些耻辱一百年都洗不清，连赵国都看不下去了，难道您作为楚国国君就一点也不在意吗？您觉得合纵是为了赵国的利益吗？不，

◆ 知识链接

毛遂自荐与脱颖而出

毛遂自荐，比喻在遇到困难时主动请缨，向别人推荐自己能胜任某项工作。

脱颖而出比喻只要有才华，早晚会在团队里显示自己的本领。

毛遂自荐和脱颖而出都是与毛遂有关的成语。

您错了，是为楚国的利益！现在您还当着我主子的面这么大声凶我，太过分了！"

毛遂义正辞严，浩然正气，没给楚王留一点情面。楚王听得满头是汗，忙说："好，好，全听先生的，楚国这就和赵国合纵。"

毛遂说："一言为定？"

楚王说："定了定了！"

毛遂马上对楚王的侍臣说："快去，拿鸡、狗、马的血来。"

侍臣送来盛有三牲之血的铜盘，毛遂接过去之后跪到楚王面前，说："今日，楚王、平原君、毛遂三人为合纵之事歃血为盟。"接着他又招呼其他十九个门客来歃血盟誓，合纵一事就这样定了下来。

回到赵国后，平原君深有感慨地对毛遂说："我赵胜观察过的人上千，自以为不会漏掉天下的有才之士。先生在楚国以一己之力说服楚王合纵，使赵国的气势威望重于九鼎大吕，您的三寸之舌简直强于百万之师！从此我再也不敢以慧眼识才自夸了！"从此，毛遂变成了平原君的一等宾客。

▲ 战国跪坐人铜灯

吕不韦的投资

韩国阳翟有一位商人叫吕不韦，他很有经商的头脑，总能够在物品便宜的时候买进，到最贵的时候再卖出，因此积累了很多财富。不过他人生最得意的一笔投资并不是在生意场上，而是在政治上。

有一次，他到邯郸去做生意，路上碰到了秦国公子子楚。当时秦赵两国讲和，为了表示友好，互相交换王室子弟来做人质。

子楚是秦昭襄王的孙子，父亲是秦国太子安国君。子楚的母亲夏姬不受宠爱，子楚更是不受重视，于是被安排到赵国做人质了。当时秦国的名声不太好，不守信用不说，而且经常进犯赵国。赵国对秦国非常仇视，自然也不会善待子楚。可怜的子楚在赵国举目无亲，贫困不堪，还随时都有送命的危险。

吕不韦觉得此人奇货可居，如果经营得好将有大利可图。他回去后一直在考虑这件事，有了拥立子楚当秦王的想法，假如能够成功，不但自己能飞黄腾达，子孙后代也能跟着享受荣华富贵。最后，他决定放手一搏，然后去见了子楚，对他说："你是秦国王孙，却生活得如此窘迫，难道你就不想光大门庭吗？"

子楚苦笑着说："先生莫要取笑我了，您还是先光大自己的门庭吧。"

吕不韦笑着说："非也非也，只有你的门庭光大了，我的门庭才有可能得到光大！"

子楚听出吕不韦话里有话，于是赶忙请他上坐慢慢说。吕不韦对子楚说："我听说你父亲安国君已经被封为太子，你们有兄弟二十多人，你居其中，

▲ 战国晚期攸武使君甗
（zèng）

向来不受重视。等你父亲即位之后，多半会立你大哥为太子，到时候你就什么机会都没了！"

子楚想到自己的处境如此落魄，自然也想改变现状。他听吕不韦的口气好像也不是完全没有办法，于是虚心请他赐教。

吕不韦接着说："现在安国君最宠爱的是华阳夫人，可是她身体有病，不能生育。假如你能讨得华阳夫人的欢心，认她为母亲，那你也不是完全没有机会去争夺太子之位。"

子楚犯难了，叹气说："唉，可我如此贫困，怎么去讨华阳夫人的欢心呢？"

吕不韦回答道："公子，我虽不富有，但愿意拿点钱出来帮公子安排。"

子楚高兴地说："真的吗？如果真能成功，将来我情愿与你共享秦国的天下！"

回去后，吕不韦拿出五百两金子交给子楚，让他广交朋友，扩大自己的声望和势力。又用五百两金子买了许多珍珠宝贝，然后自己带着去了秦国。

到了秦国后，吕不韦先是向华阳夫人的姐姐行贿，托她把礼物带给华阳夫人，并声称是子楚从赵国托他带来的。

华阳夫人收到礼物后十分开心，她姐姐便趁机照吕不韦的安排做起了子楚的说客，说子楚如何贤明，如何爱戴华阳夫人，如何想念父亲和夫人，等等。

接着，她又劝华阳夫人说："妹妹啊，虽然你

▲ 吕不韦

吕不韦是战国末年著名的商人、政治家、思想家，曾担任秦国丞相。

吕不韦主持编写了《吕氏春秋》，共20多万字，汇集了先秦各种学说，被称为"杂家"。书写好后，他将书悬挂在城门下，声称如果能改动一个字，就赏一千金，这就是"一字千金"的来历。

吕不韦为秦国统一天下做出了很大贡献，后来他因嫪毐（lào ǎi）叛乱受到牵连，被罢免，后来自杀。

现在仗着自己年轻美丽颇受宠爱，可人都有老的那天，你又不能生育，等你年纪大了可这么办？倒不如早点认个儿子，把他推荐为安国君的继承人。子楚人好也孝顺，是个可塑之才。如果你能把他认在自己名下，推荐他做安国君的继承人，将来他一定会对你感恩戴德的。"

这些话句句都说到华阳夫人的心坎上了，她听从了姐姐的劝告，一有机会就跟安国君说子楚的好话。后来，她跟安国君说明了想认子楚做儿子的想法，等将来老了也好有个依靠。

安国君对她十分宠爱，自然没有异议。接着，华阳夫人又继续劝说安国君，使安国君最终下定决心立子楚为继承人。他让人用玉石刻了一块牌子，作为继承人的凭证，并托人交给子楚，还给他送去许多衣物和食品，并聘请吕不韦做子楚的老师。

吕不韦目的达成，高兴地回到邯郸，请子楚来家里喝酒庆贺。席间，他故意让自己的宠姬出来给子楚劝酒。子楚对这位美丽的女子一见倾心，请求吕不韦将这位女子送给他。吕不韦假意不舍，在子楚的再三要求之下才最终同意。没过多久，这个女子生下了一个儿子，名为嬴政。

后来，子楚返回秦国，没几年就继承了王位。而嬴政，就是后来的秦始皇。吕不韦也当上了宰相，他的投资获得了丰厚的回报。

◆ 知识链接 ◆

在位仅3天的安国君

安国君是秦昭襄王的次子，哥哥去世后，他被立为太子。做了十几年的太子后，他终于即位，但仅仅3天后就去世了，被称为孝文王。

虽然只在位3天，他却拆除王家园林，大赦有罪之人，做了很多颇有改革意义的事情，对秦国较有贡献。

▼ 战国青釉温酒器

韩非囚秦

一天，秦王嬴政正坐在大殿上聚精会神地读一篇文章。丞相李斯恭恭敬敬地站在旁边，默不作声。突然，秦王激动地一拍桌案，说道："这篇文章真是写得太好了，这个韩非句句都说到我心坎上了！"

站在一旁的李斯笑着说："大王，韩非这个人是我同学，他是韩国公子，现在居住在韩国。"

秦王听了十分高兴，连忙放下手中的竹简说："真的吗？那有没有什么办法让他来秦国效力啊？"

李斯说："大王，秦国如今强盛无比，您又求贤若渴，天下贤才肯定都想投奔秦国。想要得到韩非并不是难事，但只怕让韩国国君知道了，他不肯放人呐！"

秦王冷笑了两声，说："我想得到的人，我看哪个敢拦我！韩国要是敢不放人，我就派兵去攻打韩国！"

秦王向来说到做到，灭掉韩国又在他计划之内。果然，没过多久，他就派出大军去攻打韩国。韩国国小兵弱，抵挡不住秦国的攻势，接连失去了几座城池。韩王平时并没有重用韩非，但那个时候谁不怕秦王嬴政啊，于是赶紧把韩非请来，让他去游说秦王退兵。

◆ 知识链接

重视法律的荀子

荀子虽然是儒家代表人物之一，但他的思想更倾向于经验和人事方面。他立足于社会脉络，重视社会的秩序，对神秘主义的思想持否定态度，并格外重视人为的努力。孔子提出了"仁"，孟子提出了"义"，荀子则提出了"礼"和"法"，将人们言行的规范放在第一位。

和孔子、孟子相比，荀子具有更多的现实主义倾向。他不仅重视礼义道德对人的教育作用，也强调法律的惩罚作用。

　　韩非是韩国的公子，曾与李斯一道拜荀子为师。他聪明好学，思维敏捷，写起文章来洋洋洒洒，气势磅礴，随便写写就是大手笔，连自命不凡的李斯看了都自叹不如，凡是读过他文章的人都十分佩服他的才学。但韩非也不是完美的，他一直有口吃的毛病，不善言辞，与人辩论的时候就结结巴巴地说不出话来。

　　经过几年学习，韩非与李斯都成了饱学之士，于是告别老师，出来干事业了。李斯去了秦国，期待能大展宏图。而韩非则回到韩国，想用自己的才华报效韩国。可是韩王不识英才，放着这么一位人才不用，让韩非十分失望。如今，韩王主动

请他去秦国做说客，正好应了他的心意，于是立刻起身去见秦王。

秦王听说韩非到了之后大喜，连忙把他请到宫中，与他谈论起治国之道。韩非对秦王说："大王，我认为治理国家不能靠道德，而要靠法律。谁犯法就重重地治罪，谁守法就安然无事，这样天下百姓才会乖乖听话。"秦王听了直点头，把韩非视为知己。韩非的思想和儒家大相径庭，但很对秦王的脾气。

韩非接着对秦王说："作为国君，就要牢牢掌握大权，控制下属。您不要指望那些大臣会爱您，那是不可能的！您应该故意制造神秘感，让人觉得您喜怒难测，这样人们才会敬您、畏您，一点都不敢违背您。"

秦王听了哈哈大笑，赞叹道："妙啊！先生实在是高！"

两人扯了好久，秦王才想起韩非此行的目的，于是问道："先生此次前来是为韩国说情吗？"

韩非回答说："如今秦国如此强盛，已经具备统一六国的实力。但是眼下应该保存韩国，先进攻赵国。"秦王听完陷入沉思，答应他考虑一下。

丞相李斯主张先拿弱小的韩国开刀，再做其他打算。他怕韩非妨碍秦国的统一大计，就劝秦王说："韩非虽然有才，但他终究是韩国的公子，总不可能胳膊肘往外拐。他劝大王保存韩国不过是为了袒护韩国，这也可以理解。我劝大王慎重考虑他的意见。我担心韩非最终会回到韩国去，帮助韩国来对付我们秦国，那么大王要统一天下就困难了。"

秦王听了觉得有道理，就问李斯："依你看，寡人该怎么办呢？"

李斯说："如果放韩非回韩国，无异于纵虎归山。可如果把他留在秦国，也会成为心腹大患。不如趁早把他杀了，以绝后患。"

秦王说："你说得对，但我不忍心杀他，先把他投进监狱再说吧！"韩非没想到会被这样对待，十分愤怒。他在狱中写了《说难》《孤愤》等文章，抒发了内心的苦闷。而李斯知道，秦王爱才，万一将来反悔再重用韩非，自己的地位可就不保了。于是他送去毒药，逼迫韩非自杀。公元前233年，一代奇才就这样死在狱中。不久，秦王真的后悔了，于是派人去释放韩非。在得知韩非已在狱中自杀后，他怔了一阵，半天说不出话来。想必，秦王内心也是悲痛的吧！

荆轲刺秦

公元前228年，秦国出兵攻打赵国，活捉赵王，直接威胁到燕国存亡。面对强大的秦国，燕国上下无不惊惶失措。燕太子丹知道燕国根本不是秦国的对手，于是想出奇制胜，用刺杀秦王的办法来阻挡秦国统一六国的脚步。这时候，有人向他推荐了勇士荆轲。太子丹派人把荆轲请来，只见他高大威猛，气宇轩昂，举止不凡，心中十分敬重。他把刺杀秦王的想法说了，荆轲低头沉思了半天，回答

▲ 战国彩绘陶豆

道："太子，这件事关系到燕国存亡。我才智平庸，恐怕不一定能完成使命啊！"

太子丹又苦苦恳求，荆轲才答应下来。接着，荆轲被拜为上卿，每天住在宾馆里好吃好喝，一直没有动身。这时候，秦国大将王翦在灭赵之后率兵进犯燕国边境。太子丹着急上火，于是去催促荆轲。荆轲说："秦王可不是随便就能接近的，必须让他信任我们。秦王悬赏千金捉拿樊於（wū）期（jī）樊将军，假如我能带上樊将军的人头，就能赢得秦王的信任。到时候我再献上燕国最富饶的督亢（今河北涿州、定兴、固安一带）的地图做礼物，秦王一定会接见我的。到时候，事情说不定能成功。"

樊於期原本是秦国大将，后来逃到燕国。太子丹为难地说："督亢的地图好办，但樊将军是在穷途末路时来投奔我的，我绝不可能加害于他，先生还是想想其他办法吧！"

荆轲也无计可施，于是背着太子丹去见了樊於期。他对樊於期说："秦王杀了您全家，又悬赏要您的脑袋，难道将军不想报仇雪恨？"

樊於期听了这话眼眶立刻就红了，他哽咽着说："我日日夜夜都想报仇，没有一刻不想杀了那残暴的秦王，替我的家人报仇雪恨！可是我如今流亡在外，燕国又自身难保，这根本就不可能啊！"

荆轲说道："我倒是有一个办法，或许能帮您报仇，可……"荆轲不知道该怎么说下去，一时间踌躇了。

樊於期说道："您有话直说，只要能杀掉秦王，

▲ 战国时期蟠虺纹玉

晋朝著名的隐士陶渊明写了一首长诗《咏荆轲》，诗的最后几句写出了陶渊明对刺秦失败的惋惜之情。全诗如下：

燕丹善养士，志在报强嬴。
招集百夫良，岁暮得荆卿。
君子死知己，提剑出燕京；
素骥鸣广陌，慷慨送我行。
雄发指危冠，猛气冲长缨。
饮饯易水上，四座列群英。
渐离击悲筑，宋意唱高声。
萧萧哀风逝，淡淡寒波生。
商音更流涕，羽奏壮士惊。
心知去不归，且有后世名。
登车何时顾，飞盖入秦庭。
凌厉越万里，逶迤过千城。
图穷事自至，豪主正怔营。
惜哉剑术疏，奇功遂不成。
其人虽已没，千载有馀情。

报得血海深仇，哪怕是粉身碎骨我也在所不惜！"

荆轲定了定神，用坚定的语气说道："我想借您的头颅献给秦王，只有这样才能取得他的信任，然后接近他，再找机会下手。"樊於期听了之后一句废话没多说，立刻拔剑自杀了。荆轲含泪取下樊於期的头颅，立誓为他报仇。

太子丹又给荆轲派了一个叫秦舞阳的勇士做助手，然后他们便出发了。不管刺杀行动能否成功，荆轲都不可能活着回来了，他这次出行是抱着必死的决心。在易水河边，很多燕国百姓都来为这两位悲壮勇士送行。荆轲的好朋友高渐离敲着筑放声唱道："风萧萧兮易水寒，壮士一去兮不复还！"在场的人见者伤心，闻者落泪。

公元前227年，荆轲到达秦都咸阳。秦王听说燕国使者送来重礼以示臣服，便召集群臣隆重地接待了他。荆轲手捧装有樊於期头颅的盒子，秦舞阳拿着督亢的地图，一前一后

进了秦宫。上大殿台阶的时候，秦舞阳看到宫殿仪仗威武，禁卫森严，又想到自己接下来的行为，不由得脸色苍白，浑身打颤，台阶都上不去了。秦国大臣看到之后不禁有所怀疑，不就见个国君吗？至于吓成这样？

荆轲心里替他暗暗着急，忙笑着对秦王说："乡野之人没见过世面，见了大王威风的仪态竟吓成这样，望大王原谅！"秦王听了就让秦舞阳在大殿下面候着，荆轲只好从秦舞阳手里接过地图，然后一人上了大殿。

秦王验过樊於期的人头后放在一边，心中甚是得意，又叫荆轲把地图呈上来。荆轲捧着地图卷轴慢慢打开，一边指给秦王看，一边介绍说："这燕国的督亢之地，物阜民丰，跟秦国的关中沃野差不多，真的是好地方啊！"

秦王听了心花怒放，不住地点头。等到地图完全打开之后，一把寒光闪闪的匕首露了出来。秦王一看不好，赶紧从王位上跳开，却被荆轲用左手揪住袖子。然后荆轲用右手一把抓起匕首就刺向秦王。秦王使劲一挣将袖子扯断，然后拔腿就逃。但身后都是墙面，秦王也无路可逃，只好围着大殿的柱子兜圈子。荆轲手执匕首在后面紧追不已。

殿上的文武官员都吓坏了，但秦国有令，大臣们上殿时不许携带武器，而大殿外面的卫士没有国君的命令也不许上殿来。手无寸铁的官员想要阻挡荆轲谈何容易！秦王惊慌失措，一时手忙脚乱，他想伸手拔剑，奈何剑身又太长，怎么也拔不出来。

有人提醒道："大王，把剑推到背后，从头顶上向外拔！"秦王听了赶紧照做，这才拔出了剑。这时荆轲的匕首已经向他刺了过去，危急之时，一个宫医见状向荆轲右胳膊上扔过去一个装药的口袋，使匕首偏了方向，秦王躲过一劫。

缓过神来的秦王挥手一剑砍断了荆轲的一条腿，荆轲一下

瘫倒在地上，然后忍痛奋力一击，将匕首朝秦王掷过去。秦王一闪，匕首从他耳边掠过，撞到后边的铜柱上，直迸出火星来。

秦王拿着剑走向荆轲，又刺了他几剑。此时，荆轲已经身负重伤，根本无力还手。他靠着柱子，指着秦王大骂道："秦王！今天是我故意放你一马，只不过是因为想逼你退还各国的土地罢了！"

秦王听了没有说话，叫卫兵上来结果了荆轲的性命，而殿下的秦舞阳也被砍成肉酱！荆轲刺秦未成，与秦舞阳双双就义。

▲ 王翦

　　王翦是秦国著名的将军、杰出的军事家，与白起、李牧、廉颇并称为战国四大名将。
　　王翦率军攻破赵国都城邯郸，灭亡了燕国、赵国，带领秦国绝大部分兵力攻打楚国，并将之消灭。王翦和儿子王贲均是秦国统一天下的大功臣。

王翦破楚

　　嬴政即位后加快了统一六国的步伐，大将王翦统兵灭掉赵国，完成了白起未竟的事业。随后，他又攻灭了燕国、魏国。此时，南方的楚国成为秦国的下一个目标，秦王嬴政也在为攻楚做准备。

　　秦将李信虽然年轻，但他作战勇敢，曾在攻打燕国的战役中率几千军队活捉了燕太子丹，立下大功，得到秦王的赏识。

　　一天，秦王问他："李信呐，在你看来，灭楚需要多少兵力呢？"李信回答说："二十万人足矣。"秦王又拿同样的问题去问王翦，王翦说："非要六十万人不可。"

　　秦王说："王将军怕是年纪大了吧，怎么这般惧怕，人李将军说二十万人就够了！看来，这破楚的任务还是交给他吧！"王翦看到自己的意见没有被采纳，便托病辞职回家养老去了。秦王则派李信率领二十万大军南下攻楚。

刚开始，李信的军队打了几个胜仗。这让他有点骄傲轻敌。楚军的大部队趁着这个机会突然发起猛攻，李信措手不及，被打得落荒而逃，纷纷败退，损失惨重。楚军在后面追了三天三夜才罢休。

秦王得知消息后大吃一惊，后悔当初没有听从老将军王翦的话。于是他亲自来到王翦的住处，向王翦道歉说："将军呐，我实在糊涂，当初没有听您的计策，使秦军遭受惨败。我听说楚军现在正向西进军呢，还望将军出山抗敌啊！"

王翦推辞道："呵，老臣身体多病，脑子也不好使，大王还是另请高明吧。"

秦王又再三道歉，然后说："好啦好啦，都是我不好！将军您就不要再推辞了！快出山吧！"

王翦说："我出山可以，但大王非要给我六十万人的兵力不可。"

秦王说："一切全听将军部署！"

就这样，王翦从秦王那里领了六十万大军出发了，秦王亲自为他送行。临别前，王翦请求秦王功成之后一定要赐他一些良田美宅。秦王满口答应，说："将军就放心去吧，日后必将有享不尽的荣华富贵！"

王翦说："我想趁现在大王还信任我的时候为子孙谋一点产业！"秦王听了大笑。王翦到了前线后，又接连五次派使者向秦王索要良田美宅。部下有人

◆ 知识链接 ◆

什么是"功高震主"？

功高震主是指大臣的功劳太大，以至于让君主惴惴不安，觉得地位不稳，开始怀疑大臣。

最为典型就是后面我们要提到的韩信。到时不妨好好看看韩信的故事。

说："楚国还没有攻下来，将军就这样急于请求赏赐，会不会太过分了？"

王翦说："你不懂啊，秦王暴躁多疑，现在整个秦国军队的大部分都在我手里，他肯定会不放心。我向他索求田地住宅，是向他表示我胸无大志，没有二心，否则他肯定会怀疑我的一举一动，到时候我还能放开手脚打仗吗？"部下听了，都说王翦考虑周到。

楚国听说王翦率大军前来进攻，就把国内的军队全都调到前线抗击秦军。王翦到前线后马上开始修筑工事，然后固守阵地。楚军曾多次在阵前叫嚣，但秦军始终按兵不动。

过了一段时间后，他派人到秦军军营里查探，等那人回来之后王翦问道："咱

古代拥兵自重而造反称王的例子非常多，王翦手握军权，如果造反，秦王根本无法抵挡。因此，他索要财物而让秦王安心，是明智之举

们的士兵们都在干啥呢？"那人回答说："他们都在玩儿石头呢，比谁扔得远，可快活了！"

王翦说："好，这说明他们精气神儿足，身体状况好，士气高。可以派他们出战了。"

当时，楚军见秦军避不出战，于是向东方撤退，王翦趁势出动大军攻打楚军。多日来秦军养精蓄锐，打起仗来锐不可当。楚军抵挡不住，全军溃败，主将项燕被杀。随后，秦军顺势攻入楚国，俘虏了楚王，楚国最终被灭。后来，王翦的儿子王贲（bēn）和李信等人又平定了燕国和齐国。公元前221年，秦王嬴政最终攻灭六国，统一天下，建立了我国第一个大一统的封建帝国，秦王成为第一位皇帝，称秦始皇。

◆ 知识链接

楚虽三户，亡秦必楚

这句话的意思是说，即便楚国只有三个氏族，那么最终消灭秦国的也一定是楚国。形容只要团结起来，弱小的力量也一定能战胜强大的对手。

当年，楚怀王被秦王欺骗并死于秦国，秦王将楚怀王的尸体送还楚国，楚国上下都非常仇恨秦国，"楚虽三户，亡秦必楚"正是在那时被提出来的。

闯关小测试

➡ 1. 长平之战对阵双方的主将是（ ）

    A. 白起与赵括　　B. 赵奢与白起　　C. 廉颇与王龁

➡ 2. 成语"脱颖而出"说的是谁的故事？（ ）

    A. 毛遂　　B. 冯谖　　C. 张仪

➡ 3. 以下不属于法家思想的是（ ）

    A. 道之以德，齐之以礼　　　B. 按军功授爵，不论出身

    C. 鼓励农业，禁止工商业

参考答案：1.A　2.A　3.A

历代帝王世系表

东周·春秋时代

/ 前 770—前 476

平王 （前 770—前 720）

桓王 （前 719—前 697）

庄王 （前 696—前 682）

釐王 （前 681—前 677）

惠王 （前 676—前 652）

襄王 （前 651—前 619）

顷王 （前 618—前 613）

匡王 （前 612—前 607）

定王 （前 606—前 586）

简王 （前 585—前 572）

灵王 （前 571—前 545）

景王 （前 544—前 520）

悼王 （前 520—前 520）

敬王 （前 519—前 476）

东周·战国时代

/ 前 475—前 256

元王 （前 475—前 469）

贞定王 （前 468—前 441）

哀王 （前 441—前 441）

思王 （前 441—前 441）

考王 （前 440—前 426）

威烈王 （前 425—前 402）

安王 （前 401—前 376）

烈王 （前 375—前 369）

显王 （前 368—前 321）

慎靓（jìng）王 （前 320—前 315）

赧（nǎn）王 （前 314—前 256）